Estratégias Eficazes para se Tornar uma Nova Pessoa

Fiona Harrold

Estratégias Eficazes para se Tornar uma Nova Pessoa

TRADUÇÃO
Claudia Gerpe Duarte

2ª Edição

2004

EDITORA BEST SELLER

Título original: *The 10-Minute Life Coach*
Copyright © 2002 by Fiona Harrold
Licença editorial para a Editora Nova Cultural Ltda.
Todos os direitos reservados.

Coordenação editorial
Janice Flórido

Editores
Eliel Silveira Cunha
Fernanda Cardoso

Edição
Tereza Gouveia

Editoras de arte
Ana Suely S. Dobón
Mônica Maldonado

Revisão
Levon Yacubian

Editoração eletrônica
Dany Editora Ltda.

EDITORA NOVA CULTURAL LTDA.
Direitos exclusivos da edição em língua portuguesa no Brasil
adquiridos por Editora Nova Cultural Ltda.,
que se reserva a propriedade desta tradução.

EDITORA BEST SELLER
uma divisão da Editora Nova Cultural Ltda.
Rua Paes Leme, 524 – 10º andar
CEP 05424-010 – São Paulo – SP
www.editorabestseller.com.br

2004

Impressão e acabamento:
RR Donnelley
Fone: (55 11) 4166-3500

*Dedico este livro a meu querido pai,
Michael, e a meu filho, Jamie.*

Agradecimentos

Agradeço à fabulosa equipe da Hodder & Stoughton, sob a direção de Rowena Webb, com a brilhante assessoria das senhoritas Emma Heyworth-Dunn e Caro Ness. Meus mais sinceros agradecimentos à maravilhosa escritora Deborah Bosley pelo estímulo perfeito que me deu no início e a Lennox Morrison, Ian McCurrach e Jamie Kerr pelo constante incentivo, os melhores amigos que se pode ter.

Obrigada a minha agente, Maggie Pearlstine, por seu entusiasmo e talento. Agradeço também a todas as pessoas positivas e repletas de novas idéias, determinação e energia que generosamente despenderam seu tempo escrevendo e me animando com mensagens e notícias inspiradoras. Vocês sabem quem vocês são. Obrigada.

Fiona Harrold

Sumário

1. A Vida É Preciosa 11
2. Aja com Dignidade e Firmeza 18
3. Acredite e Vença 27
4. Ame-se 37
5. Seja uma Boa Pessoa 45
6. Liberte-se 55
7. Faça a Diferença 63
8. Faça de Conta 71
9. Fabrique Sua Sorte 79
10. Grandes Expectativas 88
11. Seja Verdadeiro 97
12. Mais Poder para Você 106
13. Tudo Depende de Você 115
14. Motive-se 124
15. Prossiga 134
16. O Que Você Quer? 143
17. Consiga o Que Você Quer 152
18. Escolha o Sucesso 162
19. Seja Feliz 172
20. Relaxe — não Lute 182
21. Tenha Grandes Idéias 192
22. Viva Mais e Melhor 202
23. Seja Metafísico 212
Epílogo: Experimente 222

Capítulo 1

A Vida É Preciosa

Antes de começar, quero perguntar a você: por que escolheu este livro? O que o atraiu? O que espera dele? Que diferença eu posso fazer em sua vida? Acima de tudo, que diferença *você* quer fazer em sua vida? Não pense, nem por um momento, que você apenas está interessado em uma boa leitura. Para isso existem os romances. Não, a verdade pura e simples é que você quer melhorar sua vida. Você deseja ter mais sorte. Você quer ter uma quantidade maior de algumas coisas e menor de outras.

Certos tipos de ser humano estão sempre interessados em aperfeiçoar a própria vida. Você é desse tipo. Eu o reconheço porque eu também sou. E todos meus clientes também são. De agora em diante, vou olhar para você como um cliente querido, alguém que admiro e respeito enormemente porque você possui certos atributos e características que valorizo e considero extremamente atraentes. Você é meu tipo de pessoa, aquela que simplesmente deseja trazer à tona o melhor de si mesmo e aproveitar o melhor que a vida tem a oferecer. Você é como uma esponja, ansioso por absorver o máximo que puder de um livro como este, aumentar seu valor e o de sua vida, e melhorar de posição. Acima de tudo, uma vida sombria e melancólica decididamente não é para você. Não importa o que for preciso, não importa o custo, você não se sujeitará, nem poderia, a uma vida monótona e vivida pela metade. Você não se esquivará ao desafio de fazer o que for necessário para se tornar a pessoa que você realmente quer ser e viver a vida que você sabe que deveria estar vivendo. Desistir e ceder simplesmente não passa por sua cabeça, porque você sabe que perseguir seu sonho torna a vida mais interessante. Você se diverte tentando!

Você já é essa pessoa inteligente e radiante. Certamente não sou capaz de transformar você em algo ou alguém que já não seja. No entanto, posso com certeza fazer você ser mais você mesmo. Minha especialização é garantir que você goste de quem já é e tenha uma vida digna de si mesmo. Faço isso com meus clientes, sobre os quais você lerá nas páginas a seguir, e farei o mesmo com você. No final deste livro e de nossa jornada juntos, quero que você se sinta pelo menos oito centímetros mais alto do que é agora e tenha desenvolvido alguns músculos realmente fortes. Sua coluna vertebral estará mais compacta e você sentirá que é capaz de enfrentar qualquer coisa que a vida ponha em seu caminho. Você já é essa pessoa. Quero apenas que você note e flexione um pouco mais esses músculos e atributos. Quanto mais você usá-los, melhor será sua forma. Às vezes, como exemplo, peço que meu cliente pense em si mesmo vestindo uma roupa fabulosa de um estilista —Versace, Armani ou Donna Karan —, com um corte magnífico e um tecido esplêndido. No entanto, o tamanho da roupa é um ou dois números maiores do que o dele e fica muito folgada. Quero que você atinja sua altura plena, desenvolva esses músculos e preencha a roupa.

Estamos prestes a empreender juntos uma jornada destinada a tornar sua vida ainda melhor do que é agora. Juntos, levaremos sua vida ao nível seguinte, não importa qual seja. Não é preciso que haja algo errado com sua vida para que você queira fazer algumas mudanças e providenciar uma "vistoria". Até mesmo Platão, há mais de dois mil anos, sabia que uma vida não questionada não merece ser vivida. Ainda estou para conhecer o homem, a mulher ou a criança que não tenha vontade de levar algo novo para sua vida. Sempre me lembrarei de um programa da BBC em que o empresário Richard Branson fez uma oferta para dirigir a National Lottery. Desconfiada, uma mulher da platéia perguntou-lhe por que ele queria assumir o controle da loteria. Ele já tinha muitas coisas para fazer, ela disse, como administrar a companhia aérea Virgin, a ferrovia Virgin, os bancos Virgin, e certamente não precisava de mais dinheiro, por ser multimilionário. Por que então ele não podia simplesmente se aposentar e relaxar em sua ilha particular? Após uma pausa estudada, ele falou muito lentamente e disse que sem dúvida não precisava trabalhar nem mais um dia na vida e que tinha a intenção de doar para a caridade todo o lucro que obtivesse na loteria. Ele não ia ganhar um tostão caso sua oferta fosse aceita. Ele explicou que, por mais estranho que pudesse parecer, simplesmente queria administrar a loteria porque poderia fazer um bem enorme com ela. Só isso já o deixaria imensamente satisfeito, e ele não era o tipo de pessoa que gostasse de ficar sentado sem fazer nada. E você também não é. Mesmo que seu sonho de ter a situação financeira de um Richard Branson se tornasse realidade, você ainda assim ficaria ansioso por fazer alguma coisa interessante. *Depois de sua grande oportunidade, você vai querer voltar à vida.* Pude observar isso de perto, recentemente, no caso de meu irmão Brian. Ele alcançou um tremendo sucesso na vida profissional e pôde deixar de trabalhar em horário integral quando ainda estava na casa dos quarenta. Depois de um merecido descanso de um ano, que passou percorrendo os melhores campos de golfe da Espanha, ele ficou ansioso por fazer outra coisa. Disse que não tinha mais desafios a enfrentar no mundo comercial e que possuía todos os carros e casas que desejava. Atualmente planeja trabalhar, como voluntário, durante um ano para uma obra assistencial em um país em desenvolvimento. As pessoas interessantes não desistem da vida, elas simplesmente encontram algo novo, divertido e que vale a pena ser feito!

A questão é que não precisa haver nada "errado" para que você queira fazer uma verificação e ter certeza de que sua vida atual ainda é aquela que você deveria estar vivendo. Como todas as coisas vivas, sua vida ou partes dela talvez já tenham passado bastante da data de validade. Você poderia ter ficado maior do que sua roupa! Se ela estiver se esgarçando nas costuras, você talvez esteja precisando de um traje maior.

À medida que iniciarmos juntos essa jornada, atuarei como sua instrutora particular. Minha função é influenciar, persuadir e, às vezes, pressionar você a ser o melhor que é capaz de ser, a viver a vida mais significativa, compensadora, divertida e satisfatória possível. Quero despertá-lo para a importância de viver a melhor vida possível para você. Desejo que você aproveite a oportunidade de nosso trabalho conjunto para se expandir mais do que faria normalmente. Não se preocupe agora a respeito de como você fará isso, pois logo terá inúmeras oportunidades de descobrir tudo. Na qualidade de sua instrutora, farei o que estiver a meu alcance para assessorar seu desempenho. Por contar com meu apoio, você se sentirá capaz de exigir mais de si mesmo e avançar mais do que se estivesse sozinho. Quero que você pense mais em si mesmo com maior seriedade e leve a vida um pouco menos a sério. Quero que você perceba como a vida é preciosa sem ser exigente com relação a ela. Acima de tudo, não evite os problemas que ela apresenta. Respeite a vida e a si mesmo oferecendo a ela tudo que você tem. Sempre me impressiono com a maneira pela qual as pessoas vão pela vida sem uma verdadeira convicção ou apetite por ela. Elas parecem sonâmbulas durante semanas e meses, sem jamais despertar totalmente. Deixam também de perceber como somos privilegiados por viver em uma nação desenvolvida com a liberdade e as oportunidades de fazer e ser tudo que desejamos. Parecem pressupor que a vida continua para sempre. Vamos nos lembrar dos fatos. Se vivermos até os setenta anos, teremos 840 meses disponíveis. Aos 35, nos restarão 420. Diminua o terço que você passa dormindo e restam a você 280 meses. Faça sua conta e você vai ter idéia do que estou falando. É claro que tenho a intenção de viver além dos setenta anos, como você também tem, mas seria tolice deixar de entender como a vida é ao mesmo tempo preciosa e precária.

Graças a Deus você não é uma dessas pessoas. Como sei disso? Porque você está comigo agora. Acredite em mim: se você fosse um desses "sonâmbulos", já teria parado de ler o livro. Às vezes as pessoas são despertadas por um acontecimento horrível e dramático, e mudam para sempre. Quando Heather Mills, que passou a ser Lady McCartney depois que se casou com Paul, foi gravemente ferida em um acidente na estrada e perdeu a perna esquerda, ela voltou à vida com muito mais lucidez, paixão e convicção do que antes. "Por ter estado tão perto da morte, acredito em aproveitar ao máximo o momento presente. Não fico sentada questionando as coisas. Quando não estou feliz e não consigo resolver a situação, simplesmente caio fora." Você poderia chamar essa atitude de impaciência. Eu a vejo como uma profunda percepção de como nosso tempo é curto. Passar grande parte dele sem fazer nada, matando o tempo, olhando para o relógio, querendo que as horas passem mais rápido, é um desperdício. Você não vai querer chegar aos setenta ou oitenta anos, ou até antes, e pensar: afinal o que é a vida, qual o objetivo de tudo isso? Questione tudo. Não se arrependa de nada.

Não fique esperando um sinal de alerta. Talvez ele não chegue. É bem melhor despertar a si mesmo. Sente-se e dê uma boa olhada em você mesmo e no que está fazendo. Nossa missão é garantir que você está vivendo a melhor vida possível para você, aqui e agora. Nada de arrependimentos ou lágrimas. Apenas uma vida fabulosa. Quem quer ser comum? Com certeza você não quer. Você deseja o melhor. Você fará o que for preciso porque é assim que você é, é disso que você é feito. Você vai se aventurar, correr alguns riscos, ter altos e baixos. Tudo faz parte das cartas que você recebe. Você vai trabalhar com o que tem. Você já sabe que só existem duas coisas certas na vida, além da morte e dos impostos, que são a mudança e a incerteza. Se você for feliz com as duas, você será o senhor de seu destino, o capitão de sua alma. O objetivo é uma vida que tenha sido vivida. Assim sendo, fique comigo. Nos dias e semanas que se seguem eu o convido a usar este livro como seu aliado secreto.

Comece pelo começo e vá avançando, seção por seção, ou simplesmente folheie o livro e escolha qualquer ponto a esmo. O importante, no entanto, é trabalhar um pouco *todos os dias*. Desenvolva-se e permaneça forte alimentando-se dessa maneira pelo menos dez minutos por dia. No final de cada capítulo, você encontrará uma série de exercícios. Ache tempo para fazê-los; dez minutos são suficientes. Eles podem ser feitos em qualquer lugar e a qualquer hora: por exemplo, no ônibus, a caminho do trabalho ou enquanto você toma uma xícara de café. Prometo que esse pequeno acréscimo permanecerá com você e tornará seu dia melhor. Serão dez minutos bem gastos. Esse contínuo efeito pinga-pinga trabalhará através de você, fazendo com que você seja todos os dias uma pessoa confiante, animada e interessada.

Escrevi *Estratégias Eficazes para se Tornar uma Nova Pessoa* como resposta ao que centenas de pessoas, como você, me escreveram depois de ler meu primeiro livro, *Seja o Treinador de Sua Vida*. As cartas e e-mails que recebi relatam mudanças incríveis que fizeram na vida, desde deixar um emprego ou relacionamento desgastado a mudar de país e começar de novo. Recebi também incontáveis depoimentos de enormes surtos de confiança e poder pessoal. Todas as histórias foram absolutamente impressionantes. Muitas foram comoventes e inspiradoras. Algumas podem ser lidas em meu site.

Como foi solicitado, aqui está a continuação. Este livro é o tônico diário que você pediu e vai estimulá-lo, conservá-lo forte e ajudá-lo a manter seu curso. Nos dias e semanas que se seguem, você ficará mais forte e cultivará uma profunda auto-estima e autoconfiança duradoura. Você eliminará de uma vez por todas o medo do fracasso, o que o deixará livre para correr mais riscos. Você descobrirá seu objetivo único na vida por meio de técnicas simples e práticas. Dia a dia você construirá uma enorme carga interior de energia positiva e poder pessoal, e terá mais facilidade em atrair as pessoas certas. Você se redefinirá e deixará de se rotular. Você não estará "impedido", sua posição é legal e você poderá continuar jogando, sem nunca mais conscientemente vender-se barato ou enganar a si mesmo. Você aprenderá a dar a si mesmo um apoio total e irrestrito, livrando-se do medo e da ansiedade que tantos carregam, e a desenvolver um equilíbrio e poder interiores. Você adquirirá um carisma com a autoconfiança e o autocontrole que tem dentro de si. Acima de tudo, você praticará ações decisivas, para que possa viver no limite de seu potencial. Você trará à tona o que há de melhor em você, deixando sua marca, de maneira a não ter nenhuma dúvida de que estará vivendo da forma mais plena para você — a melhor vida possível.

Você deixará transparecer tudo isso no rosto. Sua aparência será agradável, descansada, renovada e cheia de vida. Vamos lá. Não há tempo a perder.

A vida é preciosa!

Capítulo 2

Aja com Dignidade e Firmeza

Quero que comece a pensar em crescer, em atingir sua altura máxima, expandindo-se para tornar-se você mesmo. Se você deseja uma vida maior, se quer expandir a que você tem, em primeiro lugar tem de crescer. Você não precisa ser outra pessoa, apenas seu eu verdadeiro, desenvolvido e perfeitamente brilhante.

Quero que você se veja com clareza, através de lentes novas. Quero que repare em quem você realmente é. Quero que se veja como eu o veria se estivesse trabalhando pessoalmente com você. Vou explicar.

Rachel me procurou dizendo que queria ser mais eficiente no trabalho e ter uma vida mais interessante fora do escritório. Quando li as informações que ela me enviou sobre sua vida até hoje, fiquei profundamente impressionada e cheia de admiração por ela. Também pude perceber de imediato que ela não tinha consciência da pessoa incrível que realmente era.

Rachel era uma pessoa extremamente competente e ambiciosa, uma advogada de 36 anos com um altíssimo salário e um apartamento no bairro de Chelsea, em Londres. Ela era superinteligente, esteve sempre entre os primeiros alunos da classe, e foi a primeira garota da escola a entrar para a Universidade de Oxford. Você deve estar se perguntando por que ela me procurou. Foi exatamente isso que eu pensei! No entanto, de repente, eu entendi: Rachel não gostava de quem era. Ela não se via da maneira como eu a via e não sentia nenhum prazer com suas realizações. Enquanto ela falava durante nossa primeira sessão compreendi por quê.

Em primeiro lugar, Rachel não se considerava brilhante. Na verdade, ela nunca se dera ao trabalho de reparar. Ela simplesmente acumulava resultado após resultado e avançava em direção ao desafio seguinte. Na escola, ela "ficara de cabeça baixa" e se limitara a estudar e tirar boas notas. Ela foi impiedosamente intimidada e os anos de estresse foram tão pesados para ela que seu cabelo começou a cair. A situação piorava quando ela recebia o resultado dos exames, nos quais ela, como sempre, brilhava. Mas Rachel sabia que seu sofrimento começaria junto com o sucesso. Ela precisava literalmente tomar cuidado com as pessoas ao redor dela e evitar ao máximo chamar atenção. Ela era detestada e alienada por causa de sua inteligência. O irônico é que durante nossa sessão, que foi por telefone, eu tive uma impressão muito clara de Rachel curvando-se e mantendo a cabeça baixa, como se ela fosse muito mais alta do que todos à sua volta e estivesse procurando compensar sua altura. Quando mencionei este fato a ela e lhe perguntei se se sentia fisicamente maior do que os colegas de trabalho, ela concordou de imediato e disse que sua postura era curvada e seu pescoço e ombros doíam com freqüência. Com quase um metro e oitenta, ela sentia que se elevava acima das outras pessoas. Ela estava se obrigando a descer ao nível delas. Seria bem melhor se elas se esticassem e alcançassem o nível dela, eu disse, num tom de brincadeira! O outro motivo pelo qual Rachel continuava modesta era o fato de ter sido criada dessa maneira. Seu pai era um pastor metodista e a humildade fora um código de conduta tácito na casa do pais. Chamar atenção para o próprio talento, mesmo que recebido de Deus, não era estimulado. Os bons resultados eram esperados, não comemorados. Desse modo, a mensagem esmagadora que Rachel recebeu a respeito de si mesma e da vida foi que deveria evitar aborrecer os outros e procurar se reprimir, até mesmo se anular, para não correr o risco de sobressair e fazer as outras pessoas se sentir inferiores.

Era muitíssimo importante que Rachel conseguisse reunir tudo isso sozinha. Mais importante ainda, como adulta, ela teria a opção de alterar seu comportamento, sua atitude e, conseqüentemente, todo o curso de sua vida. Meu programa com Rachel tinha um objetivo primordial: ajudá-la a elevar-se à altura total e ser a pessoa fabulosa e poderosa que ela realmente era. Não havia perigo agora de ser bemsucedida. Talvez ela ainda tivesse as cicatrizes de seu passado, mas não precisava mais se curvar diante de ninguém. Rachel estava pronta para agir com dignidade e firmeza.

Um dos primeiros exercícios que pedi a Rachel que fizesse foi começar a se ver como eu a vira quando li pela primeira vez a história de sua vida, quando minha reação foi *nossa!* Pedi a ela que elaborasse uma lista com o título de "Razões para eu me ver como uma pessoa excepcional". Pedi a ela que se sentasse, respirasse profundamente e examinasse sua vida. Ela me apresentou dez razões convincentes. Fiquei impressionada. E ela? Ela estava começando a ficar. Tive de conversar com ela em profundidade sobre cada razão e salientar a implicação de cada uma. Por exemplo, o fato de ela ter sido acometida por uma grave mononucleose infecciosa quando prestou os exames finais em Oxford e *mesmo assim* ter obtido uma nota magnífica, e de ter-se tornado sócia de um escritório de advocacia no centro financeiro de Londres depois de apenas um ano de casa. Pouco a pouco eu a convencia a enxergar suas realizações. Acima de tudo, ela nunca tinha cedido ou desistido. Durante todos aqueles anos ela havia tomado a decisão de enfrentar aqueles que a intimidavam e de se sair o melhor possível nos exames ano após ano. Ela tinha se recusado a aceitar limitações e aceitou as conseqüências.

Três meses depois, Rachel tinha crescido e se tornado ela mesma. Sem ser agressiva, ela se afirmou como um importante membro da equipe, passou a exalar equilíbrio e capacidade, e recebeu a oferta de ocupar o cargo mais importante da empresa. Tudo isso gerou um pouco de tensão, causou certa surpresa e espanto? Sem dúvida. Mas não foi um problema. Rachel simplesmente continuou a ser ela mesma, sem pedir desculpas nem explicar por que tinha sido promovida.

Agora vamos voltar a você. Qual é sua altura? Você procura ficar em segundo plano para poder se encaixar? Você se considera brilhante? Caso não ache, por que não? Você tem orgulho de si mesmo e de sua vida? Você tem consciência de seus melhores momentos? Por acaso você está pensando agora que você e Rachel não pertencem ao mesmo time? Se você acha que tem espaço para se desenvolver, se você gostaria de crescer, continue comigo. Se você sente que talvez não se veja de um ângulo muito favorável, prossiga na leitura.

As pessoas bem-sucedidas que têm um excelente desempenho não são necessariamente aceitas com entusiasmo na cultura britânica. Sobressair e expor abertamente suas idéias pode fazê-lo sentir vontade de se curvar, de ficar em segundo plano. Os ingleses são muitos ambíguos com relação ao sucesso. Às vezes parecemos cheios de inveja. Você se lembra de como todo mundo adorava o *chef* Jamie Oliver? Agora a moda é odiá-lo, por causa de seus livros, dos programas na televisão, dos anúncios, da esposa perfeita, do sucesso. Como vibramos quando a EMI pagou a Mariah Carey para *não* cantar. J. K. Rowling está prestes a receber o mesmo tratamento. Um tablóide já começou a acusá-la injustamente de aproveitar demais seu recente sucesso como a autora mais rica do mundo para poder terminar o último livro de Harry Potter. "Amigos" teriam mencionado o quanto ela mudou desde que se tornou uma celebridade. Não surpreende que as pessoas bem-sucedidas na Inglaterra freqüentemente fujam para os Estados Unidos antes que se tornem figuras odiadas por aqui. Os americanos apreciam o sucesso porque foi a busca da prosperidade e do bem-estar, a experiência da imigração, que os levaram para onde eles estão.

O uso de bodes expiatórios é tão antigo quanto a própria civilização; há exemplos nas culturas do mundo inteiro. Essa prática continua até hoje. Brilhar mais do que as pessoas que estão à sua volta chama atenção e amedronta os inseguros. Ao mesmo tempo a sociedade anseia por pessoas interessantes e estimulantes, aquelas que se elevam acima da multidão. Nunca tenha medo das qualidades que o destacam. Nem pense em se encolher para se adaptar aos outros. Não tente conseguir a aceitação dos outros. Eleve-se à sua altura total. Expanda-se e ocupe o espaço que é seu por direito. Tome cuidado com a "síndrome do impostor", em que as pessoas esperam ser encontradas e expostas por não estar à altura da função. Essa atitude é muitíssimo comum e absolutamente desastrosa para sua disposição de ânimo e capacidade de atingir o melhor desempenho. Quer você seja o diretor-executivo, quer seja seu primeiro dia de trabalho, jamais se desvalorize em sua auto-avaliação. Não se revele inadequado. Você está preparado! Obrigue-se a galgar os poucos centímetros que faltam! O sucesso não viceja na insegurança. Quer você esteja no comando, quer planejando fazê-lo, você precisa ter confiança, coragem e a capacidade de não dar a mínima para o que os outros pensam de você. Essa atitude é particularmente importante se você for mulher.

As pesquisas mostram que as mulheres são mais modestas do que os homens, e esse sentimento não as leva a lugar nenhum no trabalho. Uma pesquisa da Universidade de Edimburgo revelou que os homens têm a tendência de superestimar suas habilidades enquanto as mulheres tendem a desvalorizar-se. A pesquisa, que investigou a auto-imagem intelectual de 502 mulheres e 265 homens, revelou que estes últimos sistematicamente avaliaram o próprio Q.I. sete pontos acima do que as mulheres. Quando essas convicções foram comparadas ao desempenho efetivo, as mulheres se revelaram certas, enquanto os homens demonstraram ter ilusões de grandeza intelectual. A timidez e a modéstia não podem ter lugar no currículo da mulher moderna que trabalha. As mulheres na Grã-Bretanha ganham menos do que os homens porque passam a imagem de que estão dispostas a aceitar menos. Segundo estudo de Sara Solnick, professora assistente de Economia da Universidade de Vermont, publicado recentemente na revista *Economic Inquiry*: "As mulheres ganham de um modo geral menos do que os homens, obtêm descontos menores na compra de um carro e recebem aumento menor de salário quando decidem negociar". A Comissão de Igualdade de Oportunidades concorda com ela: "A expectativa de que as mulheres aceitem menos pode, sem dúvida, ser um fator que influencia a diferença de rendimentos".

É claro que você não tem o hábito de desvalorizar-se. Agir com dignidade e firmeza, e defender suas idéias, não significa ser antipática, mas ser autêntica, verdadeira e direta. Significa ainda ser eficaz ao se expressar, conhecer seu valor e avaliar-se de modo adequado. Significa de vez em quando manifestar abertamente sua opinião e às vezes se retirar. Adaptar-se para não chamar atenção não é um objetivo válido, independentemente do que tenham lhe dito. E não pense por um momento que ser poderosa não é *sexy*. É o maior afrodisíaco. Use-o à vontade. Não deixe que ele se afaste de você. Faça com que ele se encaixe. Fique à vontade com seu poder. Tenha um bom relacionamento com ele. Personifique-o.

Madonna esteve nas manchetes dos jornais por ter demitido um segurança ao chegar em casa e descobrir que ele aparentemente tinha sumido na hora do almoço — com a única chave da casa. Acho que ela está totalmente certa. Precisamos de algumas americanas diretas e sem rodeios para nos mostrar que é aceitável ser autoritária quando as pessoas não estão fazendo o que são pagas para fazer. Esse segurança provavelmente estava mais acostumado a trabalhar para clientes ingleses educados que prefeririam fazer qualquer coisa a se impor e defender seus direitos. Qualquer mulher que banque a importante é freqüentemente criticada. Não deixe que isso a detenha. Se você não defender seus direitos, poderá perder rapidamente o controle de sua vida. Com freqüência vejo pessoas que poderiam ser duas vezes mais eficazes do que já são, não apenas em relação a elas mesmas, mas também à vida social e pessoal. A deficiência surge na maneira como olham para si mesmas, do que elas não enxergam. Graças a Deus este não será seu caso. Somente quando estamos no auge do poder pessoal é que sabemos qual é nossa essência e capacidade. Siga em frente. Não seja tímida.

AJA COM DIGNIDADE E FIRMEZA

1. *Conhece-te a ti mesmo!*
   Você se conhece? Você se vê claramente como é ou tem o hábito de negar para si mesmo seu valor e talentos? Se você negá-los por um período bastante longo, eles desaparecerão por completo. Olhe para o passado, apenas por um instante,

e veja se a modéstia era considerada uma virtude. Você foi ensinado a ficar em segundo plano? Esclareça os fatos.

2. *Você é excepcional.*

Se *você* disser que é. Você tem bons motivos para se ver como talentoso e excepcional. Verifique quais são eles. Faça uma lista de "Razões pelas quais eu sei que sou excepcional". Mantenha a lista em aberto até relacionar pelo menos vinte razões imperiosas e convincentes. Elas existem. Talvez você apenas precise anotá-las. Mantenha a lista por perto como um lembrete útil.

3. *O sucesso gera o sucesso.*

Desde que você goste dele. Neste caso, você terá um valioso trunfo escondido na manga, ao qual poderá recorrer sempre que quiser e usar para gerar mais coisas boas. Ninguém pode diminuí-lo ou tomá-lo de você. Dê um polimento nesse trunfo hoje e uma vez ou outra daqui para a frente. Faça um inventário. Elabore a seguinte lista: "Sucessos em minha vida que realmente me impressionam". Recue bastante no tempo. Há muito tempo você tem alcançado sucesso. Seja pródigo ao acumular seus triunfos. O sucesso é pessoal. Veja a si mesmo como uma *pessoa* bem-sucedida e não apenas como um bom funcionário. Nada consegue ser bem-sucedido como o sucesso. Faça seu sucesso trabalhar para você.

4. *Diga não.*

Aprenda a ficar completamente à vontade para dizer não. Tenha à mão uma variedade de frases preparadas por você que indicam sua definição de limites. Essa atitude não significa que você é um monstro. Ela quer dizer que você está agindo como adulto capaz de tomar decisões na vida. Mostra que você está no controle e tem respeito por si mesmo. E você sabe muito bem o que se diz por aí: se você não tiver, ninguém mais terá. O que é a mais pura verdade.

5. *Seja firme e decidido.*

Não se curve. Erga-se com orgulho. Conduza-se com determinação. Dê grandes passos. Você está indo a algum lugar. Mostre-se animado. Se você tem o hábito de andar de ombros caídos, trabalhe sua postura com algumas aulas da Alexander Technique[1] ou qualquer outra terapia corporal. Não deixe seu corpo desapontá-lo. Ombros para trás. Pescoço relaxado. Olhar à frente. Não olhe para baixo. Pé direito à frente.

A vida é curta, mas ao mesmo tempo longa demais para que você permaneça em segundo plano ou deixe de interessar-se por ela. É melhor ter uma vida com algum espaço para você se desenvolver. Você pode ter um surto de crescimento em qualquer idade. Faça um brinde a si mesmo hoje! Abrace-se. Pense que você é uma pessoa de sorte. Ao se ver dessa maneira, você não desejaria ser mais ninguém. Celebre a si mesmo. Sorria. Fique cheio de orgulho. Expanda-se e cresça. Sua aparência é ótima!

Aja com dignidade e firmeza!

---

1 A Técnica Alexander foi desenvolvida pelo australiano Frederick Matthias Alexander (1869-1955) e há mais de 100 anos é aplicada com enorme sucesso em diversos países do mundo. Trata-se de um método que ensina as pessoas a evitar tensões desnecessárias em suas atividades diárias, promovendo harmonia e maior vitalidade. Para maiores informações, acesse o site: http://www.pensarematividade.net. (N. da T.)

Capítulo 3

Acredite e Vença

Não sou fanática por futebol, mas nunca vou me esquecer do jogo entre a Inglaterra e a Argentina na Copa do Mundo de 2002. Até mesmo eu pude perceber que eles estavam jogando uma partida incrível para vencer a Argentina por 1 a 0. Mais de metade do país estava assistindo ao jogo e se perguntando como a equipe inglesa tinha conseguido sofrer aquela transformação em sete dias. Uma semana antes tínhamos assistido à partida contra a Suécia, em que a equipe teve um desempenho irregular e o jogo acabou empatado em 1 a 1. O time era o mesmo, mas era completamente diferente do da semana anterior. O que fez a diferença? Como os mesmos jogadores podiam jogar de uma maneira tão diversa? Sua forma física era tão boa quanto na semana anterior. As drogas destinadas a melhorar o desempenho estão proibidas. O que aconteceu então?

A arma secreta da Inglaterra era um psicólogo do esporte, calmo e sossegado, que livrou David Beckham e seus colegas de equipe do desespero antes da emocionante vitória. O dr. Willi Railo fez com que os jogadores acreditassem que poderiam ganhar a partida e depois a Copa do Mundo. Railo de imediato tomou providências para oferecer por telefone um treinamento pessoal a vários astros do time inglês depois que o horrível desempenho contra a Suécia deixara os jogadores deprimidos. "Antes do jogo com a

Argentina, conversei com alguns dos jogadores ingleses a respeito da autoconfiança e da necessidade de ousar perder uma partida a fim de vencê-la", declarou Railo. A conversa ajudou a convencer os jogadores, especialmente Beckham, o capitão do time, de que eles poderiam derrotar seus inimigos e eles passaram para os colegas de equipe essa mensagem positiva. As conversas destinadas a levantar o moral deram à Inglaterra uma vantagem psicológica antes do início do jogo. Railo disse aos jogadores que eles tinham que correr o risco de perder para poder triunfar. "Os vencedores detestam perder", ele disse, "mas não têm medo de perder. E os ganhadores ousam ganhar".

Essa é uma receita para vencer na vida em qualquer coisa, seja nos relacionamentos pessoais, em seu estado de saúde, seja no local de trabalho. A disposição de ousar vencer e ao mesmo tempo não ter medo de perder está no seio da autoconfiança indestrutível. O medo do fracasso às vezes inibe o tipo de risco que freqüentemente conduz ao sucesso. "Trabalho com os jogadores para fortalecê-los mentalmente e torná-los mais confiantes, fazer com que percebam seu pleno potencial, ajudá-los a acreditar que podem ganhar a Copa do Mundo, afastar os bloqueios mentais e ensiná-los a conseguir vencer na presença do estresse", disse Railo.

A autoconfiança é seu aliado secreto. Você só precisa ser capaz de acioná-la e aumentá-la quando mais precisar dela. Ela faz parte do arsenal de todas as pessoas que fazem grandes conquistas. Para vencer em qualquer coisa na vida, sua maior batalha é consigo mesmo. Seu mais poderoso inimigo está dentro de você. É aí que também se encontra seu maior aliado. *Você* é a pessoa que tem a arma capaz de fazê-lo ganhar ou perder. Sua arma é sua mente. Sua perspectiva mental o torna forte ou fraco, robusto ou flácido. Conquistar a si mesmo é o supremo desafio. Aqueles que possuem uma grande autoconfiança estão sempre na frente. Eles carregam dentro de si uma vantagem tremenda sobre a pessoa comum. Eles sabem como recorrer a seus expedientes mais profundos e reunir apoio e recursos adicionais quando necessário. Eles nunca perdem. Eles sempre sobrevivem para lutar mais um dia. Eles sempre conseguem ir até o fim. Mesmo que você se identifique como uma pessoa extremamente autoconfiante, o ideal é que você ainda esteja ansioso por avaliar seus níveis atuais para garantir que está em sua melhor forma.

A autoconfiança colossal, que tudo conquista, não está restrita ao esporte. É algo que nossos heróis de hoje dividem com os de antigamente. Vejamos o exemplo de Alexandre, o Grande. Dos vinte aos 33 anos, quando morreu, ele liderou seu pequeno grupo de lutadores de elite do então menosprezado reino da Macedônia e conquistou a Pérsia, o Egito, a Babilônia e regiões da Índia e do Oriente Médio. Enormes exércitos e impérios tombaram diante de seu minúsculo bando, conduzido apenas pelo poder da autoconfiança e da coragem insana de seu líder. O poder e o magnetismo de Alexandre subjugaram todo o mundo que ele conhecia. Pense em Napoleão, um mero cabo da Córsega, que por causa de sua personalidade conseguiu dominar o que restava do Exército francês, uma turba sitiada por todos os lados. No entanto, sob o comando de Napoleão, esse mesmo Exército conquistou e controlou o restante da Europa durante quinze anos.

Alexandre, Napoleão e pessoas como eles, como César e Churchill, alteraram o curso da História. Seus sonhos talvez não tenham sido necessariamente bons mas, boas ou más, essas são as pessoas que modificam o mundo. Margaret Thatcher, até hoje a única mulher a ocupar a posição de primeiro-ministro na Grã-Bretanha, dirigiu seu partido, o Parlamento e o país com mão de ferro. Não era à toa que ela era conhecida como a Dama de Ferro. Ela atingiu seus objetivos apenas por causa da autoconfiança. Gandhi, São Francisco de Assis, Joana d'Arc e Martin Luther King conseguiram o mesmo, de formas e em contextos diferentes. O que todas essas pessoas tinham em comum era um grau de autoconfiança que lhes permitia conseguir o que os mortais menores, mais cautelosos, teriam considerado impossível ou irrealista. Aqueles com a autoconfiança de Margaret Thatcher, de Alexandre ou de David Beckham cheio de adrenalina podem pensar no impensável porque não são restringidos pelo que os outros consideram possível. Sua autoconfiança, centralizada e aguçada, lhes confere um discernimento e uma amplitude de visão que faltam à pessoa comum.

As pessoas extremamente autoconfiantes têm uma misteriosa aptidão para tirar do caminho os obstáculos a seu sonho. Os meros mortais podem achar que elas são obsessivas ao perseguir seus objetivos, seguindo sempre em frente quando o restante de nós há muito já teria se aposentado ou desistido. No entanto, ao contrário dos meros mortais, elas seguem adiante e vencem. São pessoas que modificam as idéias e que vivem plenamente a vida. São pessoas que fazem o que os outros nem mesmo ousam sonhar. O mundo é certamente mais rico e fascinante para elas porque sabem melhor do que ninguém o que pode ser feito quando realmente acreditamos em nós mesmos.

As pessoas nascem ou se tornam extremamente autoconfiantes? Qualquer pessoa pode ser assim? Não há dúvida de que, se a autoconfiança foi instilada em você desde tenra idade, você tem uma enorme vantagem. Se você teve um pai, uma mãe ou uma figura de autoridade que cultivou e alimentou sua autoconfiança em seus anos de formação de modo que se entrelaçasse na estrutura de seu ser, terá construído uma casa de força fenomenal. As pesquisas mais recentes são conclusivas nesse aspecto.

Richard Branson e Cherie Blair estavam destinados a ter sucesso desde os dez anos de idade. Ambos receberam um grande apoio emocional desde cedo, desfrutando elevados níveis de auto-estima e autoconfiança. Mais do que qualquer outro fato, foi este que os deixou em uma posição vantajosa. "Existem hoje em dia indícios claros de que as crianças que têm auto-estima mais elevada aos dez anos de idade têm a mesma capacidade de ganhar dinheiro na idade adulta quanto aquelas com notas mais altas em matemática ou interpretação de texto", declarou Leon Feinstein, membro do influente Centro de Desempenho Econômico da Faculdade de Economia de Londres, e que realizou a pesquisa. Os efeitos da desvantagem acadêmica ou privação social podem ser superados pela autoconfiança. O empresário da Virgin, Richard Branson, abandonou a escola aos dezesseis anos com uma qualificação medíocre, além de sofrer de dislexia. No entanto, ele pertencia a uma família de classe média alta que lhe deu muito apoio; sua mãe e sua avó sempre estiveram irrestritamente do lado dele. Ele seguiu em frente e se tornou um dos vinte homens mais ricos da Grã-Bretanha. Cherie Blair cresceu em uma família relativamente pobre, com pouca base acadêmica, mas recebeu grande apoio da mãe, Gale. Ela é hoje uma das advogadas mais respeitadas e admiradas da Inglaterra e ganha, segundo se diz, 250 mil libras por ano. A sociedade britânica está repleta de pessoas extremamente bem-sucedidas que tiveram um desempenho medíocre na escola, mas que, fomentadas pela autoconfiança desde tenra idade, tiveram êxito na profissão que escolheram. Max Clifford, hoje um dos principais publicitários da Inglaterra, diz: "Se você for criado com auto-estima, se sente disposto a correr riscos e não teme as conseqüências dos erros que possa vir a cometer, o que conduz ao sucesso... fui ensinado a acreditar que sou tão competente quanto qualquer pessoa".

As escolas são organizadas para ajudar os alunos a ter boas notas nos exames. Elas não são instituições criadas para estimular o desenvolvimento psicológico das crianças. Você talvez não tenha recebido a melhor orientação psicológica em sua fase de crescimento, mas não importa. É mais um incentivo para que você compense agora essa deficiência. O fato é que você pode desenvolver a autoconfiança em qualquer momento que decidir fazê-lo. Vou atuar como sua instrutora nessa área. A conscientização dessa necessidade representa 50 por cento da batalha. Acordar para a necessidade de acreditar mais em si mesmo, estar atento para o poder dessa convicção, já é meio caminho andado. A partir daí, vou lhe fornecer uma fórmula vencedora que poderá seguir para conquistar as próprias vitórias. Antes, porém, quero falar a respeito de uma mulher que revelou possuir uma estirpe rara e indestrutível de autoconfiança, que desejo que você tenha, *apesar* da influência que ela recebeu na escola.

Anne McKevitt está prestes a explodir como um grande sucesso nos Estados Unidos, como a nova rainha do estilo de vida, a nova Martha Stewart. A designer Anne está para fechar um contrato com uma rede de televisão americana, que, segundo boatos, dará a ela cerca de 25 milhões de libras. No entanto, Anne não possui um treinamento formal em *design* de interiores e abandonou a escola três meses antes de completar dezesseis anos. Seu lar era uma casa de dois quartos de propriedade do governo, alugada a um valor baixo, na extremidade norte da Escócia e a escola era uma penosa experiência: "Eu odiava a escola. Eu sentia que estava sendo refreada o tempo todo... Lembro-me de o diretor da escola ter dito que eu estava cometendo um erro horrível [por ir embora] e eu disse a ele que provaria que ele estava errado".

Quando conheci Anne há alguns anos, ela fazia parte de um programa popular sobre a reforma de residências,

Home Front. Um observador poderia ter dito que ela era o membro da equipe que tinha menos probabilidade de fazer sucesso nos Estados Unidos. Ela era nova na televisão e seu forte sotaque escocês representava um desafio para os telespectadores ingleses, que dirá para nossos primos americanos. Precisei ficar apenas cinco minutos na companhia dela para perceber que sua atitude mental tornava seu sucesso uma certeza. Ela tinha um crença inabalável em si mesma. Ela conseguia lidar com tudo que a vida lançava em seu caminho. Ela seguia em frente, independentemente de reveses ou obstáculos. Quanto maior o problema, mais ela crescia. Ela tinha claramente o desejo de ser o mais competente possível, de ir até o fim, de atingir o limite de seu potencial. E ela acreditava enormemente em seu talento para o design e em sua capacidade de ser um grande sucesso mundial. Ela era invencível, sua autoconfiança indestrutível. Quando li recentemente no jornal a respeito de seu sucesso nos Estados Unidos, não fiquei nem um pouco surpresa.

Até que ponto você acredita em si mesmo? Até que ponto você demonstra ter fé e oferece oportunidades a si mesmo? Você é seu pior inimigo ou seu maior aliado? Sua posição no jogo é legítima? Você pode ter certeza de que vai permanecer firme quando as coisas ficarem difíceis e de que vai continuar sempre a apoiar a si mesmo? Faça a si mesmo a seguinte pergunta: "Se eu duplicasse minha autoconfiança, que diferença isso faria em minha vida? Você está animado? Deveria estar.

Qual o limite de meu desempenho? O limite que você determinar. Do que você precisa para chegar lá? *Você precisa de uma enorme quantidade de autoconfiança.* Você tem de ser seu gerador pessoal de autoconfiança e produzir tanto quanto necessitar; um fluxo constante para o dia-a-dia, trabalhando mais rápido para gerar grandes quantidades de vez em quando. Um suprimento ilimitado de autoconfiança ao qual você pode recorrer sempre que precisar. Quando você o deseja? AGORA!

ACREDITE E VENÇA

1. *Passe a acreditar.*
Decida neste exato momento ingressar nas fileiras das pessoas que acreditam imensamente em si mesmas. Não conte a ninguém sua decisão. Este é seu segredo. Isso significa que você pensa, fala e age como uma pessoa que acredita em si mesma. Tenha uma total autoconfiança. Não pense, nem por um momento, que não conseguirá atingir seu objetivo. Ganhar requer flexibilidade, vigilância e, às vezes, uma mudança de tática e estratégia, mas todas essas coisas fazem parte do jogo. Não apóie o fracasso; retire-o da equação. Prepare-se para vencer. Planeje uma estratégia para o sucesso. Pense em cada passo ao longo do caminho. Ordene os estágios em seqüência até chegar aonde você quer.

2. *Impulsione sua casa de força.*
Suas reservas de autoconfiança estão dentro de você. Elas são ilimitadas. Você possui um suprimento interminável que se auto-reproduz. A maquinaria pode estar lenta, mas ainda está intata. Use-a. Ative-a. Estimule-a. Alimente-a com seu desejo. Tenha a convicção de que a distinção mais importante entre ganhadores e perdedores é o grau de autoconfiança que cada um reúne. Continue simplesmente a produzir uma quantidade cada vez maior de autoconfiança como exige a situação. Tenha coragem. Vá fundo. Não existe escassez.

3. *Assuma a responsabilidade por si mesmo.*
Nunca olhe para trás e fique repisando o que aconteceu. Você perde uma concentração preciosa. Agora você está no comando. Pense como um vencedor. Você é uma pessoa que acredita em si mesma, que você mesmo projetou e escolheu. Você

sabe que sua arma mais poderosa é a atitude mental e sabe como utilizá-la. Você aprecia o poder dela de prepará-lo para ganhar ou perder. Ela é sua ferramenta suprema. Você respeita a influência que ela tem de torná-lo um sucesso ou um fracasso. Você a mantém afiada e polida. Você cuida bem dela e ela o serve bem. Olhe para a frente com otimismo.

4. *Tenha grandes idéias.*
Acredite que você pode alcançar qualquer coisa. Aposte em algo mais importante. Arrisque-se e observe-se como reage à altura da situação. Prepare-se para o grande avanço, o quilômetro extra que terá de percorrer. Você ficará surpreso com a rapidez com que alcança os resultados. Lembre-se de que o céu é o limite se você acreditar em si mesmo e se concentrar no resultado final. Vá além do que se considera capaz de fazer. Jogue para ganhar.

5. *Peça emprestado ou compre mais autoconfiança.*
Se suas reservas estão ficando baixas e você precisa de um impulso, não hesite em usar um auxiliar externo para recarregar. As pessoas altamente competentes em todas as áreas usam técnicos e instrutores para se fortalecer. Isso não é um sinal de fraqueza e sim outra ferramenta que você tem para permanecer forte. Trata-se de uma transfusão diretamente para sua casa de força destinada a reforçar seu suprimento. Trabalhe apenas com alguém que perceba seu potencial; se a pessoa não entender você, ela não o fortalecerá. Ela tem de acreditar completamente em você e admirar seu potencial. E você precisa acreditar nela.

Escolha acreditar. Demonstre fé. Atice o fogo da fornalha, sua casa de força de autoconfiança. Faça com que ele continue a queimar quando você precisar de um incentivo, examine seu suprimento. Ele existe para ser usado. Se você não lhe der atenção, ele ficará em mau estado. Não é necessário que ele fique baixo ou acabe. Quanto mais você gerar, mais terá à disposição. Não existe nada, nem ninguém, em seu caminho. Ative-o. Acione-o. Construa uma inabalável autoconfiança. Lembre-se de jogar para ganhar. Ouse perder. Vá com tudo.

Para a frente e para cima.

Acredite e vença!

Capítulo 4

Ame-se

Quando as coisas ficam difíceis e a tensão aumenta, não são necessariamente as pessoas talentosas que se mostram à altura do desafio. São aquelas que amam a si mesmas. "Os narcisistas avançam impetuosos para lugares que os anjos temem pisar. Talvez não sejam altamente talentosos, mas acreditam em si mesmos, não temem o fracasso e reagem à pressão de um modo brilhante. Esse sentimento é com freqüência chamado de amor por si mesmo, mas pode ser muito útil", declarou o dr. Roy Baumeister, da Universidade Case Western Reserve em Ohio, à Sociedade Britânica de Psicologia. Ele chegou a essa conclusão com base nos resultados do estudo que realizou com 248 alunos da graduação.

Você ama a si mesmo? Você realmente gosta de si mesmo? É uma pergunta bastante simples. A resposta correta é: "Na verdade gosto muito". "Talvez" não serve. Bastam alguns momentos de reflexão para você sentir um "Sim" se agigantar dentro de você. Se não for o caso, não se preocupe porque você não está sozinho! Na verdade, eu ficaria surpresa se sua resposta fosse um "Sim" bem positivo. Isso porque são poucas as pessoas que respondem dessa maneira, e eu faço essa pergunta com freqüência, como parte de meu trabalho.

As pessoas me contratam principalmente para orientá-las, levá-las a atingir o auge de sua competência e a ter a melhor vida possível, uma vida magnífica. E digo a você que gostar de si mesmo e sentir que merece essa vida espetacular é absolutamente fundamental para o sucesso. De fato, você poderia até mesmo ter essa vida magnífica, mas como não gosta de si mesmo o suficiente, sente-se incapaz de apreciá-la e de aproveitá-la ao máximo. Você pode estar pensando que esse não é um dos piores problemas que uma pessoa pode ter, mas na verdade nem que tivesse todo o dinheiro do mundo você poderia comprar um sentimento agradável a respeito de si mesmo. Eu sei disso porque trabalhei de perto com pessoas nessa situação; pessoas que têm milhões no banco e náuseas no estômago. Acredite em mim, você estará em uma situação bem melhor se nutrir um sentimento bom, puro e saudável a respeito de si mesmo; se você sentir orgulho de quem é e ficar encantado e grato por ser *você*. Neste caso, você é que será beneficiado e terá uma vida boa e privilegiada. É isso que desejo para você por dois motivos: primeiro, quanto mais se considerar uma boa pessoa, mais poderosa se tornará e mais será uma força do bem no mundo. E o planeta precisa de pessoas boas. Em segundo lugar, as pessoas boas merecem ter a melhor vida possível. Afinal, elas conquistaram esse direito.

As pessoas boas são aquelas que apresentam a maior probabilidade de não gostar de si mesmas e isso acontece porque elas querem fazer o bem. Elas se sentem impelidas a ser boas, a fazer a coisa certa, a não prejudicar nem fazer sofrer outro ser vivo. Essa afirmação pode soar um pouco falsa, mas é assim, e desconfio que você talvez esteja se reconhecendo aqui. Essas pessoas são as que têm a maior probabilidade de não gostar de si mesmas tão-somente porque: as pessoas boas são sempre as mais sensíveis, melindrosas e abertas a sugestões. É exatamente este o caso quando são crianças e muito vulneráveis. A tendência que elas têm de se culpar por tudo que sai errado na vida delas e no mundo em geral cria raízes nessa época.

Na infância, não temos suficiente experiência de vida para refletir e evitar que sejamos prejudicados pelas circunstâncias e fatos de nossa vida. O sentimento de individualidade é fortemente moldado pelas pessoas que nos cercam. Acreditamos no que as figuras de autoridade em nossa vida nos fazem acreditar, e quando somos crianças não existe uma saída fácil. Estamos presos ao ambiente onde vivemos, por mais terrível que ele seja. Se você teve sorte, absorveu mensagens e convicções de alta qualidade sobre si mesmo, porque suas figuras de autoridade eram pessoas maravilhosas que apreciavam o poder que possuíam de moldar sua identidade. De acordo com minha experiência, essa situação é excepcional. Só agora os pais e professores estão realmente entendendo o impacto profundo e de ampla conseqüência de suas palavras e mensagens sobre a mente do jovem. Mas ainda há um caminho a ser percorrido. Olhe a sua volta e preste atenção ao dano que ainda hoje está sendo feito, às sementes do ódio por si mesmo e da culpa que estão sendo semeadas no coração e na mente dos jovens. Outro dia, um amigo de doze anos do meu filho Jamie estava se martirizando por se sentir um tremendo idiota. Ele se sentia assim porque seu professor lhe dissera que, se não conseguisse responder corretamente às vinte questões de um teste de matemática, era pouco provável que conseguisse um emprego decente. O amigo de Jamie acertou dezessete questões, então chegou às conclusões que lhe foram sugeridas.

Os pais também podem ser culpados de uma estarrecedora negligência e ignorância quando se trata de fornecer aos filhos os recursos para que comecem a vida da melhor maneira possível. Como, quando crianças, ficamos na companhia deles todos os dias nos anos mais impressionáveis da vida, invariavelmente levamos a sério as mensagens deles. Quer eles estejam certos, quer errados, fossem sábios ou tolos, temos a tendência de acreditar neles. Admitimos que eles devem estar certos a nosso respeito. E nossa cultura confirma essa situação colocando as pessoas em um pedestal assim que elas ingressam nas fileiras dos "pais". Dizem para nós: "Honra teu pai e tua mãe" sem questionar ou revidar.

Assim, surpreende o fato de as mensagens mais entranhadas, irracionais e contumazes virem do pai, da mãe ou de ambos? E o mais estranho: acreditamos nas sugestões negativas e nos agarramos muito mais a elas, seja do pai e da mãe, seja de apenas um deles, mesmo que tenhamos recebido mensagens completamente diferentes e conflitantes de cada um.

Há pouco tempo comecei a trabalhar com Christine que, na casa dos quarenta, ainda não estava bem certa a respeito do que deveria acreditar sobre si mesma e se gostava ou não de si mesma. Ela era na verdade uma pessoa fabulosa, mas teve a infelicidade de ter como mãe uma mulher profundamente infeliz e frustrada, que alimentou Christine com os mais óbvios absurdos, dizendo a ela que "não se tornasse excessivamente confiante" ou "não se considerasse melhor do que ninguém". Entretanto, Christine tinha um pai que adorava sua índole e percebia que ela poderia ter uma vida muito diferente da mãe. Seu pai a adorava pelo mesmo motivo que a mãe a detestava. Algo bastante problemático para uma criança de nove anos, não é mesmo? Christine acreditou nas idéias e palavras da mãe a seu respeito, o que na verdade a levou a não gostar muito de si mesma. Ela se sentia incapaz de ser amada e se considerava uma farsante, pois sua mãe costuma dizer que, se soubessem como ela *realmente* era, as pessoas não iriam querer saber dela. Christine foi programada de fato para enxergar-se como uma pessoa má e dissimulada. Essa lavagem cerebral passou a ser total quando ela perdeu o pai que a adorava aos onze anos de idade.

Ironicamente, Christine cresceu e passou a ter uma vida de conto de fadas, com direito a um castelo e uma posição no mundo que estava a anos-luz da pobreza de sua infância, exatamente como previra o pai. Mas ela nunca se sentira realmente à vontade consigo mesma, e apesar de desfrutar uma incrível riqueza, nunca se permitiu os prazeres e o luxo que o dinheiro poderia proporcionar. Ela era a Senhora Pródiga, generosa com todos e dura consigo mesma. Trabalhei intensivamente com Christine durante três meses para ensiná-la a gostar de si mesma. Graças a Deus, funcionou. Ela escolheu acreditar nas idéias e convicções muito mais saudáveis e verdadeiras que o pai nutria a seu respeito e hoje se vê de fato como uma pessoa boa e decente.

Bem no fundo há em todos nós alguém que fomos destinados a ser, mas com demasiada freqüência nos definimos pelas condições em que nos encontramos e só nos sentimos bem se as coisas vão bem. Se a vida não corre muito bem, nós nos sentimos inúteis ou procuramos outras coisas, pessoas ou o emprego "perfeito" que nos definirá e sustentará nossa auto-estima. Descobrimos nossa verdadeira identidade ao detectar o que queremos, ou não, fazer. Com certeza você recebeu um leque de mensagens quando criança. Algumas são excelentes, outras podem até ser incrivelmente poderosas e úteis. No entanto, estou interessada aqui nas mensagens que podem impedir que você se veja corretamente, que bloqueiam sua habilidade de se sentir "limpo" com relação a si mesmo. A não ser que você tenha se submetido a uma autodesintoxicação consciente, saiba que tem resíduos encravados que estão apodrecendo em sua psique, resultado de anos e anos de mensagens de má qualidade que absorveu desde o nascimento. Você precisa livrar-se deles! Para você se sentir limpo e saudável, temos de eliminá-los. Do contrário, você pode viver com uma incerteza crônica, de baixo nível, em relação a si mesmo que corrói sua energia, seu poder pessoal e sua eficácia no mundo. Graças a Deus, este não é seu caso.

AME-SE

1. *Ame-se.*

Por que não? Se você não se amar, quem amará? E por que não? Você não é digno de ser amado? Claro que é. Você deve acreditar nisso. Você tem de *perceber* isso, caso contrário nunca se sentirá realmente à vontade consigo mesmo. Tome a decisão, aqui e agora, de que gostará mais de si mesmo, reconhecerá seu mérito quando for o caso e se incentivará. Cultive consideração, compaixão e respeito — por *você.* Enfrente a verdade. Você veio sozinho para este mundo e partirá sozinho. Em algum ponto do caminho faz sentido você se sentir à vontade consigo mesmo. Afinal de contas, é sua vida. Quando ela terminar, você terá de se justificar para si mesmo, terá de prestar contas do que fez, de modo que é melhor começar agora. Nunca se menospreze ou se desmoralize em público ou na intimidade. Incentive a si mesmo. Abandone a falsa modéstia. Só fale bem de si mesmo. Exale autoconfiança.

2. *Mude o disco.*

De quem são as opiniões, idéias e convicções que estão em sua mente? Se não forem suas e não tiverem valor para você, não se agarre a elas. Você agora é adulto. Você pode gerar seus próprios pensamentos. Você pode escolher o que vai aceitar. Não importa há quanto tempo você convive com determinada coisa. Se ela for nociva, livre-se dela.

Escreva: "Aprendi com minha mãe/meu pai". Relacione as principais mensagens que recebeu de cada um deles e marque com um asterisco aquelas que fazem você se sentir mal com relação a si mesmo. Repita o procedimento com as principais pessoas que participaram de sua criação. Já basta. Ponha uma pedra em cima das coisas que claramente não fazem sentido, faladas por ignorância ou raiva, despeito ou ciúme, mas que se alojaram em você. Veja-as como realmente são. Decida neste exato momento que você vai parar de acolher esse lixo. Deixe-o morrer por falta de atenção. Ria dele. Pare de levá-lo a sério. Apenas você sabe a verdade. Apenas você decide o que vai acreditar a seu respeito. Você é uma obra em progresso. Escreva: "Escolho agora me ver como..." e faça uma lista do tamanho que quiser. Seja você mesmo. Seja quem você quiser. Você decide e depois vive o que decidir.

3. *Razões para gostar de si mesmo.*

Gostar de si mesmo é seu direito inato. Continuar a gostar exige ímpeto. Dê continuamente a si mesmo razões para gostar de si mesmo. Seja tudo que você deseja e admira nos outros, ou seja, *você mesmo*. Essa atitude requer o pensamento certo e a ação correta. Continue a obter mais indícios que sustentem sua convicção. Neste exato momento, elabore uma lista de "Razões pelas quais eu gosto de mim mesmo"; inclua traços de caráter e ações específicas dos quais você se orgulha. Pense a respeito de medidas futuras que você pode tomar para garantir a continuação desse fluxo de bem-estar em relação aos outros e, por conseguinte, de você mesmo.

4. *Divirta-se.*

Quando foi a última vez que você se convidou para almoçar ou fez algo especial para si mesmo? Faça um mimo a si mesmo. Passe momentos de qualidade. Vá jantar fora e peça um vinho. Pense em você. O que seria divertido fazer? Você sabe como se distrair? Relaxe com seu melhor amigo — você mesmo! Descubra o que está oculto em você, do que gosta e do que não gosta. O que faz você vibrar? Tenha opiniões fortes. Divirta-se. As outras pessoas não gostarão de estar a seu lado, se você não se considerar uma boa companhia. Trate bem a si mesmo, mas acima de tudo encha-se de agrados.

5. *Cuide da aparência.*
Você dará uma impressão muito melhor. Preste atenção à aparência. Você demonstra cuidar bem de si mesmo? O cuidado com a aparência é fundamental. Esteja impecavelmente limpo. Exale uma fragrância divina. Use roupa íntima de excelente qualidade. Melhore o "visual". Corte o cabelo no salão mais caro que puder pagar. Mantenha o penteado. O artigo que todo mundo tinha de ter na última temporada estava no auge da moda *no ano passado.* A aparência é importante. Cuide dela. Não dê a impressão de desleixo. Se você não tiver orgulho, ninguém pode dá-lo a você.

Esforce-se. Considere-se atraente e digno de ser apreciado e amado. Adorne-se com as qualidades que você mais admira. Use-as bem. Torne-se absolutamente irresistível. De acordo com seus padrões, você é uma pessoa fabulosa, fascinante, imensamente digna de ser apreciada e amada. Olhe para você.

Ame-se!

Capítulo 5

Seja uma Boa Pessoa

Ninguém pode lhe dizer o que você deve ou não deve fazer. É você que cria sua integridade e seu caráter. Com algumas pessoas, você não será popular, pois é impossível agradar a todos o tempo todo, mas você pode agradar a si mesmo e criar seu conjunto de princípios. Sua ética ou valores pessoais sustentará seu sentimento do eu, sua expressão mental e influenciará toda a sua experiência de vida. Talvez você já seja um dedicado seguidor de uma religião, que lhe serve de base para a vida e o comportamento diário. No entanto, na qualidade de livre-pensador, você deseja ter certeza de que a doutrina que segue valoriza o que você defende com maior sinceridade.

A religião organizada deixou simplesmente de satisfazer as necessidades espirituais de muitas pessoas. A freqüência à igreja é a mais baixa de todos os tempos. As igrejas tradicionais estão lutando para atrair fiéis, mas isso não significa que não estejamos explorando nosso lado espiritual ou que a necessidade de uma religião organizada tenha desaparecido. Uma das conseqüências imediatas da morte de Diana, a princesa de Gales, foi o aumento da freqüência às igrejas no mundo inteiro. Acontece que a Igreja não está proporcionando para muitos de nós a liderança moral e espiritual moderna, como fez na geração de nossos pais.

Além disso, não podemos contar com o fervor religioso para trazer à tona o que há de melhor na natureza humana e promover a tolerância e a boa vontade. Como fui criada na Irlanda do Norte, onde a rivalidade religiosa separa vizinhos e causa a morte de milhares de pessoas inocentes, pude ver isso ao vivo. Com freqüência os próprios líderes religiosos pregavam do púlpito a intolerância e o ódio. No entanto, minha filosofia permanece resolutamente otimista. Compartilho com Rousseau a crença de que quase todas as pessoas nascem de alguma maneira boas e talentosas, e esses sentimentos só precisam ser alimentados para crescer. Mesmo com o declínio da religião, os seres humanos ainda sentem necessidade de ter uma vida correta, sustentada por uma forte base moral, e de sentir que são bons.

Em nenhuma época houve tanta urgência para que assumíssemos a responsabilidade por nosso código moral, por uma estrutura de vida baseada em uma ética e em princípios claramente definidos.

A vida costumava ser bem mais simples. Aprendíamos com os religiosos a diferença entre o certo e o errado. Para mim, sujeitar-me aos Dez Mandamentos era tudo de que precisava para sentir que era boa pessoa, vivendo corretamente. Mas só até o dia em que descobri o livre-pensamento. Em um dia perfeito de primavera, quando eu tinha dezoito anos, pisei os degraus da Universidade de Ulster, contemplei o glorioso céu azul e declarei que seguiria sozinha meu caminho. Daquele momento em diante, passaria a pensar por mim mesma. Eu não estava desistindo de Deus; só precisava de uma pausa para me ver livre das exortações. Não queria mais receber a moral de outras pessoas; eu precisava encontrar meu próprio caminho, estabelecer meus valores e submeter-me a minhas regras. Se eu pecasse e me perdesse, seria de acordo com as leis que eu criara. O castigo, a penitência e o perdão seriam administrados por minha autoridade, ou seja, por mim. De uma tacada, substituí a fé em clérigos uniformizados pela confiança em minha capacidade de ser o árbitro de meu bom comportamento. Quando a fé no dogma e nas autoridades externas se rompe, precisamos escolher uma postura ética alternativa. Você precisa ter valores que possa chamar de seus, que norteiem seu procedimento e aos quais possa corresponder.

Um sistema de valores sincero e cuidadosamente planejado lhe será extremamente vantajoso a vida inteira. As principais decisões e mudanças serão mais diretas se você tiver como base um código de referência. *Você* será uma pessoa mais direta, definida, organizada e precisa. Você será você mesmo e só terá satisfações a dar a si mesmo. Seus padrões pessoais exigirão que você os preserve. Se você se desviar de seu caminho, voltará a assumir um compromisso e a sustentar sua posição. Você terá sua própria constituição, por escrito, para governar suas ações. Conseqüentemente, sua integridade pessoal ascenderá às alturas, conferindo-lhe uma profundidade e uma clareza inigualáveis.

Seu valor pessoal e virtude moral é o alicerce em que se apoiarão seu auto-respeito e sua auto-estima. Essa sólida estrutura moral de valor e ética fortalecerá seu caráter e sustentará suas decisões e ações. Sem essa transparência, você não ficará totalmente convencido de sua bondade intrínseca e nem se sentirá qualificado para respeitar e admirar a si mesmo. É fundamental ter uma enorme consideração por si mesmo porque *sua opinião* a seu respeito é a única que realmente importa. Tenha a opinião mais favorável possível sobre si mesmo, porque seu auto-respeito depende disso.

Muitas vezes me perguntam como eu me sinto com relação a aumentar a auto-estima de uma pessoa, transformando-a em uma versão mais poderosa dela mesma. E se ela não for uma pessoa totalmente boa? Certamente não é proveitoso para o mundo intensificar o poder de uma pessoa de moral duvidosa, não é mesmo? Boa pergunta. Minha resposta é que só trabalho com pessoas que considero essencialmente boas. Preciso sentir que posso assumir a causa delas e acompanhá-las. Tenho de admirá-las sinceramente, sem reservas, e desejar o melhor para elas. Estou fazendo um julgamento neste caso? De jeito nenhum, porque para que eu seja a melhor instrutora possível para as pessoas, preciso sentir fortemente que posso ficar do lado delas, associar-me a elas e defender a posição delas. Cada fibra de meu ser precisa sentir-se em harmonia com as metas e as ambições delas. Será que eu seria a melhor instrutora para um ambicioso fabricante de armas ou para o diretor-executivo da maior companhia de cigarros do mundo, ansioso para criar um mercado entre crianças de onze a catorze anos no Vietnã? Creio que não.

Meu objetivo aqui é mostrar que, para ser poderoso e absolutamente eficaz em *seu* mundo, *no* mundo, você precisa sentir-se cem por cento comprometido consigo mesmo e com a pureza e retidão de sua missão. É preciso que você se considere uma pessoa verdadeiramente digna de mérito. Você tem de ser capaz de admirar-se, defender-se quando necessário, de contar com o próprio apoio. Seu caráter precisa ser impecável, acima de qualquer suspeita e reluzente. Você tem de ser capaz de enfrentar a crítica e a reprovação, e rapidamente tirar suas próprias conclusões.

Não se trata de uma idéia fantasiosa. A intensidade com que você sente que não merece as coisas é a mesma com que restringirá seu poder pessoal, reduzirá seu ímpeto e reprimirá o apoio vital a si mesmo. Se você se percebe como uma pessoa que não é completamente boa, que não merece uma sorte e um sucesso absolutos, precisamos corrigir isso imediatamente. Você já tem um código de conduta, um mapa fundamental que orienta seu comportamento e molda sua perspectiva. Talvez você nunca tenha prestado muita atenção a esse código. É provável que seja uma parte tão grande de você mesmo que simplesmente acha natural. Não é! Boa parte disso você captou na atmosfera mental de seu lar de origem. Outros elementos foram passados para você pelos adultos com quem convivia em casa e na escola de forma consciente. E, com certeza, você já aplicou seus conceitos em questões morais e chegou às próprias conclusões. Minha sugestão é de que você faça isso ainda mais, para que tenha uma escolha e clareza totais com relação a quem você é e onde você está. Vou lhe oferecer uma orientação simples para que você identifique seus valores mais importantes, mas antes quero demonstrar a importância de saber quais são eles.

Jennifer estava com quarenta e poucos anos quando me procurou. Seu maior receio era ser como sua mãe; e era o que estava acontecendo. Ela tinha involuntariamente absorvido a atitude crítica e mesquinha da mãe e estava ansiosa por eliminar para sempre essa tendência. Ela não se sentia à vontade consigo mesma, nem sabia ao certo que espécie de pessoa era de fato. Se ela era aquele tipo de pessoa, então com certeza não era boa. O sentimento de ambivalência em relação a si mesma e a seu valor intrínseco era sinal de que havia uma nítida falta de generosidade na atitude dela para consigo mesma. Ao falar, ela mencionava o tempo todo que "não era nem um pouco especial", o que estava longe de ser verdade. Em sua busca de ser uma pessoa melhor, ela lia compulsivamente livros de auto-ajuda e desenvolvimento pessoal. Sua melhora pessoal envolvia um trabalho árduo e inexorável, sem descanso ou recompensa. Ela nunca seria bastante boa.

Uma das primeiras coisas que exigi de Jennifer foi que deixasse de ler livros de desenvolvimento pessoal, inclusive os meus! As respostas à sua busca não estavam nos livros, mas sim em uma conversa frente a frente consigo mesma, olhando no espelho para a mulher que se tornara e para aquela em que queria transformar-se. Recomendei-lhe que, em vez do estudo sério, ela relaxasse em uma poltrona confortável lendo um exemplar da revista *Vogue,* que certamente não é mais profunda do que *Vanity Fair.* Em outras palavras, ela precisava de descontração.

Depois chamei atenção de Jennifer para a pura verdade de que ela já era uma boa pessoa. Havia indícios suficientes em sua vida que demonstravam esse fato. Seu desejo de elevar seu caráter e refinar sua sensibilidade era digno de admiração. Pouco a pouco, ela começou a perceber isso. Restava como desafio que ela policiasse reações e atitudes para engendrar os valores e as qualidades que valorizava, como generosidade, abertura e tolerância, substituindo a crítica, mesquinhez e amargura. Não era uma tarefa fácil. Jennifer tinha recebido uma dieta diária de negatividade. Anos de um condicionamento de má qualidade fizeram com que ela se sentisse envenenada e distorcida. Seria necessária uma constante vigilância para modificar hábitos mentais de uma vida inteira.

A boa notícia — para Jennifer e você — é que vocês já são boas pessoas. O fato de estar lendo este livro e perseguindo essa busca dentro de si mesmo é uma demonstração de que você *deseja* ser bom e fazer o bem. É esse *desejo* que o distingue das pessoas que não têm uma base moral. Acredite: somente as pessoas intrinsecamente corretas colocam-se sob uma luz investigativa e fazem perguntas incômodas a respeito da bondade, da moralidade e da natureza de uma vida correta. Pessoas como você, ansiosas por melhorar, por fazer o melhor, por se destacar, procuram instintivamente melhorar seu caráter fundamental. Na verdade, poderíamos afirmar que refinar e polir nosso caráter para que, ao partir desta vida, nos tornemos versões muito melhoradas de nosso estado original é o supremo desafio que todos nós enfrentamos. Existe objetivo mais elevado do que ser uma pessoa melhor? De que outra maneira você pode se sentir limpo e puro por dentro? De que outro modo você pode ser independente e, se necessário, defender sua integridade, se não estiver apoiado em uma forte base moral? De onde vem o valor moral senão de seu estoque pessoal de transparência e integridade? E de que outro jeito você pode gostar de si mesmo e achar que merece o melhor se não se sentir naturalmente bom?

Nos anos 50, o psicólogo americano Abraham Maslow fez um estudo com pessoas maduras, bem-sucedidas e realizadas e chegou à conclusão de que todos poderíamos ser assim, pois essa é a condição humana natural. Maslow criou a frase "hierarquia da necessidade" para explicar a psicologia das necessidades humanas. É natural que a necessidade mais básica do ser humano seja de água e comida, e que praticamente não se importe com mais nada enquanto essa necessidade não for satisfeita. Assim que conseguimos um suprimento de água e comida, passamos a nos preocupar com abrigo, roupa e segurança. Satisfeita mais essa necessidade, passamos a nos concentrar nas necessidades sociais, na necessidade de pertencer a um grupo, em parte atendida pelo contato familiar, mas também pelo ingresso em clubes e associações. A seguir, procuramos satisfazer o desejo de ter a estima dos outros, competindo com eles pelo poder, pela vitória e pelo reconhecimento. Essa necessidade de extroversão é posteriormente substituída por uma necessidade mais sutil de estima, a auto-estima. Nesse ponto exigimos de nós mesmos padrões mais elevados e nos avaliamos segundo nossos critérios e não a partir de como os outros nos vêem.

Para Maslow, o estado mais elevado era o da pessoa em processo de auto-realização, que surge quando as duas necessidades de estima são satisfeitas e o indivíduo já não é mais impulsionado pela necessidade de provar sua competência, quer para ele mesmo, quer para outra pessoa. Ele chamava essa condição de processo de auto-realização e não de estado auto-realizado, pois esta última expressão daria a entender que poderíamos efetivamente chegar a esse estado, ao passo que Marlow o via como uma jornada interminável. A necessidade associada às pessoas que estão nesse processo é a de significado e propósito na vida. Elas querem que seu trabalho, suas atividades e sua existência tenham algum valor, que representem uma contribuição para os outros.

É assim que *você* é. Ao garantir que sua ética e seus valores declarados sejam da ordem mais elevada, para seu bem e o de todos os envolvidos, você está se expandindo para viver a vida no estado mais evoluído e refinado de que um ser humano é capaz.

Aliás, viver em uma sociedade como a nossa requer que aceitemos alguns valores comuns. O declínio da religião deixou um vazio que, graças a Deus, os governos e as escolas estão começando a preencher. A partir de setembro de 2002, as escolas no Reino Unido introduziram no currículo um curso de cidadania para todos os alunos entre quinze e dezoito anos de idade, com a intenção expressa de ajudar os jovens a desenvolver uma posição ética pessoal em vez de oriunda da pressão dos pais, da sociedade ou dos colegas. O primeiro curso de ética nos negócios foi lançado em 2002 nas escolas secundárias do Reino Unido pela instituição de caridade Associação Judaica para a Ética Comercial. Intitulado "Dinheiro e moralidade", o curso foi projetado para conscientizar os alunos da necessidade da "honestidade, integridade e responsabilidade" no local de trabalho.

Vamos agora dar uma olhada em sua posição ética pessoal (PEP).

SEJA UMA BOA PESSOA

1. *Vá em frente.*
Você já é "bom". Seu desejo e esforço de ser bom e fazer o bem são sinais disso. Refinar e aperfeiçoar seu desejo é exemplar. Meus parabéns.

2. *Torne as coisas claras.*
Você já é atraído para qualidades ou características que constituem seus valores. Elas já fazem parte de sua estrutura pessoal. Ao identificá-las abertamente e lhes prometer fidelidade, você fortalece o impacto que elas provocam em seu caráter e sua vida.

Neste exato momento, relacione seus dez valores principais, sem se preocupar com uma ordem. Você pode incluir, por exemplo, a honestidade, a generosidade e a justiça. Escolha agora os quatro principais. Estes devem moldar seus objetivos e suas ações, todo o curso de sua vida. O ponto crucial que sempre deve ter em mente ao afirmar esses valores é ter certeza de que você não vai causar nenhum dano ou sofrimento a ninguém ao expressá-los e persegui-los. Expresse a si mesmo e seus valores para seu bem maior e *o bem de todos os envolvidos.*

3. *Seja autêntico.*
Outra maneira de identificar seus valores é pelos acontecimentos realmente importantes de sua vida, em que você se sentiu impelido a falar o que sentia ou agir independentemente das conseqüências. Pense em algumas situações em que você não falou nem agiu instintivamente. Ao refletir sobre elas, você gostaria de tê-lo feito? Você às vezes se sente pouco à vontade consigo mesmo em decorrência desse fato? As duas situações fornecem informações vitais sobre a natureza do certo e do errado para você. Esclareça quais são esses valores específicos. Quando você os expressa, é autêntico consigo mesmo. Seja sincero com você mesmo. Esse é o "verdadeiro" você.

4. Demonstre.
Para se sentir à vontade consigo mesmo, você precisa garantir que suas ações diárias e o rumo geral de sua vida estejam em harmonia com o que você diz que é. Recorra constantemente a seus valores para ter certeza de que está vivendo à altura de seus padrões. Mantenha sua palavra. Talvez ninguém mais note, mas você *perceberá*. Seja genuíno.

5. Sinta orgulho.
Tenha orgulho de si mesmo. Você é incrível. Você está se esforçando para ter uma vida boa, a melhor vida possível. Desfrute o sentimento. Sorria. E, de vez em quando, se você estiver fora de seus padrões, relaxe. Isso impedirá que você se torne um santo! Afinal, você também é humano.

Seja uma boa pessoa!

Capítulo 6

Liberte-se

Tive uma criação católica na Irlanda do Norte. Conheço muito bem a culpa! Fui educada em um colégio de freiras dos quatro aos dezoito anos. Estou bastante familiarizada com a idéia de que nós, seres humanos, estamos intrinsecamente maculados pelo pecado original, já nascemos imperfeitos. Graças a Deus, havia sempre o confessionário, e eu fazia bom uso dele! Toda manhã de sábado eu ia até a Igreja de São Pedro no centro de Lurgan e tinha meus pecados purificados; eu achava aquilo maravilhoso.

Eu chegava à igreja oprimida sob o peso da maldade que fazia com que minha pobre alma ficasse maculada e enlameada. Eram cinco minutos de relato de meus pecados, em total confiança, a um padre solidário, uma expiação sincera de minha parte, uma penitência vinda do padre, a absolvição dada pelo próprio Deus, e eu partia. Mais leve e mais limpa. Voltava para casa pela North Street com minha alma uma vez mais imaculadamente branca! Que felicidade!

Desejo para você a mesma leveza. A diferença é que você precisa realizar sozinho a penitência e absolvição; a não ser, é claro, que você seja fã do confessionário, e nesse caso talvez já esteja em excelente situação! Caso contrário, terá de seguir minha abordagem completamente secular.

Você terá de descobrir, de algum modo, uma maneira de entender a si mesmo que não o transforme para sempre em um pecador repleto de erros e culpas. Uma perspectiva mais libertadora, que funciona melhor, é a que vê Deus em toda parte e em todos, inclusive em você. Veja-se como parte de uma inteligência divina organizadora, a força amorosa de Deus, que é o espírito criativo por trás de tudo, que é eterno, universal e nunca fenece.

Não importa o nome que você dá a esse relacionamento, o importante é que você se relacione com ele. Ver a si mesmo como parte dessa força, perceber que você tem uma divindade dentro de si, o estimula a respeitar a si mesmo, a se tratar com bondade, compaixão e dignidade.

Em meu primeiro livro, *Seja o Treinador de Sua Vida*, sugiro que seja criado um pequeno altar no quarto de dormir para poder apreciar a si mesmo e essa perspectiva sagrada. Pegue, pelo menos, uma fotografia sua aos quatro anos de idade, mais ou menos, em que tinha uma aparência encantadora. Emoldure a foto e coloque-a em um lugar onde a veja todos os dias. Contemple seu eu mais jovem com amor e compaixão. Você é a imagem da inocência. Por que você se veria como não sendo senão precioso, digno e valioso, naquela época, agora e para sempre? Por que você pensaria em si mesmo como não sendo totalmente merecedor de amor, felicidade e de todas as coisas boas que a vida pode oferecer? Você é uma partícula divina, viva, dinâmica e palpitante de Deus.

Já conheci pessoas que se tratam como se fossem tão intrinsecamente más que a vida não passa de uma grande, longa e lenta punição. Elas são extremamente generosas, mas o problema é que se excluem dessa generosidade. Elas aplaudem e ficam encantadas com o sucesso e o progresso dos amigos, mas não conseguem fazer o mesmo com relação a si mesmas. Não é uma enorme distorção? Mas faz um enorme sentido se você achar que é intrinsecamente mau em sua essência, que é diferente dos outros e não merece nada de bom.

A questão mais urgente e crucial com a qual você deparará no mundo secular é a do perdão. Na ausência do confessionário, ou de algo semelhante, você está sozinho. É absolutamente *necessário* que você se sinta à vontade com o conceito de perdão em sua vida. Você deve ser capaz de reconhecer com precisão quando a censura e a culpa estão assumindo o controle e lidar com o problema de modo rápido e decidido. É muito provável que neste exato momento você esteja de alguma forma ressentido consigo mesmo. Não seria normal não se culpar ou sentir ressentimento por uma dor da qual você se considera responsável. Ferir-se continuamente com remorso e recriminações não vai resolver o problema; isso só impede a ferida de fechar e cicatrizar. Quando fica aberta, a ferida pouco a pouco desprende uma peçonha que lentamente o envenena e debilita, deformando a maneira como você se sente com relação a si mesmo. Talvez você já tenha pensado profundamente sobre tudo isso e começado uma vida nova, deixando o passado para trás. Mas, por experiência, sei que isso é raro. É mais provável que você tenha permanecido em um beco sem saída, impossibilitado de alcançar o pleno perdão e a libertação. Em breve vou colocá-lo diante de um desafio, ou seja, vou pedir que você se liberte e perdoe a si mesmo de tudo que tem contra si mesmo, que esqueça o passado e siga em frente.

Meu trabalho como instrutora exige que eu identifique obstáculos no caminho do progresso de meu cliente na vida. De vez em quando, uma pessoa luta para ficar entusiasmada com relação ao futuro, por não se considerar merecedora de felicidade. Louise era assim. Ela estava trabalhando à noite, no plantão, como médica assistente quando foi chamada para uma cesariana de emergência, que foi desastrosa e resultou na morte do bebê. Se Louise tivesse agido de um modo diferente, o caso talvez não tivesse sido fatal.

Apesar de não ter sido considerada responsável pela morte da criança no inquérito formal, Louise se sentia culpada e sua vida se transformou em uma longa e sombria punição. Ela me procurou cheia de culpa, sentindo que não merecia nada mais do que a infelicidade que sentia naquele momento. Pouco a pouco Louise começou a perdoar a si mesma, enxergando as circunstâncias daquele terrível acontecimento de uma perspectiva mais realista. O interessante é que ela via Deus como um ser misericordioso e admitia que Ele certamente a perdoaria. Este foi o ponto-chave pelo qual lentamente se acostumou à idéia de perdoar a si mesma.

Também identificamos a maneira velada como ela se punia: nunca tinha tempo para si mesma, estava sempre à disposição do marido e do filho pequeno; jamais tinha compromissos sociais; nunca fazia nada por si mesma, apenas pelos outros. Ela havia transformado sua vida em um trabalho árduo e fatigante. Passados alguns meses, Louise sentiu-se capaz de erguer a cabeça e sentir que merecia ser feliz. A arte do perdão foi provavelmente sua maior lição de vida.

Sua Santidade o Dalai Lama diz: "Perdoar significa deixar de sentir raiva ou ódio por uma pessoa ou grupo. De que adianta continuar a alimentar sentimentos nocivos pelos outros? Não ajuda a resolver o problema e apenas destrói a paz de espírito e, em geral, também a saúde. A raiva é uma forma de autotortura".

O arcebispo Desmond Tutu, que presidiu a controvertida Comissão da Verdade e da Reconciliação da África do Sul, também refletiu profundamente a respeito da idéia do perdão. Ele diz: "Não é fácil perdoar. Perdoar significa desistir do direito de pagar o perpetrador na mesma moeda. No entanto, de acordo com minha experiência, trata-se de uma perda que liberta a vítima. Perdoar não é ser sentimental".

Um dos motivos pelos quais deixei a Irlanda do Norte assim que pude foi porque parecia haver muito pouca esperança de perdão entre as duas comunidades em guerra. Contrastando violentamente com isso, a nação inteira reconheceu a importância do perdão para que um novo futuro se tornasse viável para a África do Sul.

Não trave guerra consigo mesmo. Demonstre sentir por si mesmo a mesma bondade, compaixão, compreensão e perdão que você sentiria por outra pessoa. Faça as pazes consigo mesmo. Ponha uma pedra em cima do passado e siga em frente. A culpa, a censura e o ressentimento apodrecerão e envenenarão seu organismo. Se começarem a supurar, exigirão o castigo. Criarão conflito, confusão e guerra dentro e ao redor de você. A felicidade, a satisfação, a alegria e a saúde vigorosa têm dificuldade em florescer nesse ambiente. Perdoar significa "doar", "substituir" o sentimento nocivo, readquirir uma sensação de harmonia. Perdoar significa literalmente "desistir" daquilo a que você vem se agarrando. O ódio e qualquer tipo de desprezo por si mesmo deixam uma cicatriz em sua auto-imagem, impedindo que você se veja como uma pessoa tão digna quanto as outras.

Espero que você nunca precise enfrentar seu perdão num caso extremo como o de Louise. No entanto, parece que nós, seres humanos, temos uma propensão inata a nos culpar e censurar. Na infância é notório como nos sentimos culpados por qualquer desgraça rotineira, como o divórcio de nossos pais, as dificuldades financeiras da família, a nota baixa na prova, as longas horas que eles trabalham, por tudo enfim. Outro dia, Jamie, meu filho de doze anos, deu um enorme sorvete para a cadela do vizinho, que ela absolutamente adorou. Cinco minutos depois, ela vomitou tudo na calçada. Jamie ficou se sentindo culpado pelo resto do dia e tudo que fizera fora gastar o dinheiro que tinha no bolso tentando deixar a cadela feliz.

A não ser que tenha tido pais *realmente* inteligentes, você terá compilado sua lista particular de "razões pelas quais devo me sentir mal com relação a mim mesmo". Dê uma boa olhada em sua vida. Você está se castigando de alguma forma? Você se sente indigno de coisas que aconteceram ou pessoas que você magoou? Se você acredita que fez algo errado ou que existe alguma coisa intrinsecamente errada com você, você sentirá que não merece grandes privilégios da vida. Você reprimirá seus desejos e inibirá a realização deles. Você precisa saber que merece o que deseja tanto quanto outra pessoa no planeta. Sentir-se digno é a essência de ficar em paz. Você deve ficar em paz.

LIBERTE-SE

1. Diga a verdade.
Escreva o seguinte: "Coisas de que me sinto culpado"; "Coisas de que me ressinto"; "Coisas pelas quais não consigo me perdoar". Comece a elaborar agora essas listas e mantenha-as à mão o dia inteiro, acrescentando novos itens à medida que lhe ocorrerem. Você terá facilidade de livrar-se de alguns dos ressentimentos e até vai rir deles, mas outros são mais complexos. Refine as listas de modo que ao final você tenha uma pequena relação. Nesse estágio, anote-as por escrito para que possamos saber com o que você está lidando.

2. Demonstre compaixão.
Faça a si mesmo esta pergunta crucial: "O que *realmente* preciso perdoar em mim?". Do que você de fato se culpa? Pegue a acusação mais séria que você dirigiu a si mesmo. Examine a situação como se tivesse acontecido a um amigo íntimo e querido. O que você diria a ele para estimulá-lo a enxergar o quadro maior, ou seja, todas as circunstâncias atenuantes? Prepare uma defesa, uma defesa realmente magnífica, para que a pessoa seja compassiva consigo mesma e não se julgue com tanta severidade. Não se trata de inventar desculpas para si mesmo ou esquivar-se da responsabilidade

dos próprios atos. Pelo contrário, essa atitude é de enfrentar a situação, reconhecer o que aconteceu, reparar o ocorrido e seguir em frente. Se você continuar a viver com a lembrança desagradável, torturando-se e privando-se das coisas, estará cultivando a culpa sem nenhum propósito produtivo. Supere a situação. Enfrente a culpa de cabeça erguida; tome a decisão, neste exato momento, de começar a perdoar a si mesmo. Tudo de que você precisa para iniciar o processo é a *disposição* de fazê-lo. Escreva: "Estou disposto a me perdoar por...".

3. *Penitencie-se em vez de punir-se.*
Para que você possa seguir em frente sem manter um ressentimento tácito contra si mesmo, é imperativo que você se sinta genuinamente arrependido. O sentimento precisa ser sincero. É óbvio que quanto mais importante for a situação a ser perdoada, mais relevante é o perdão. Acredito que você reflita a respeito do problema de uma maneira sensata e razoável. Se existe realmente algo que o corrói, que o impede de viver plenamente, você precisa admitir que está arrependido e reparar a situação. Cabe a você decidir o ritmo no qual fará isso. Você não deve passar por cima desse estado profundo, mas também não deve demorar-se demais nele. A pessoa pode passar a vida inteira neste estágio e virar mártir profissional. Isso é pura permissividade. Vamos seguir em frente.

4. *Faça reparações.*
Uma coisa é sentir um remorso verdadeiro por nossas ações. Outra bem diferente é demonstrar esse sentimento, mas demonstrar é preciso. Você tem de expressar o remorso que nutre por si mesmo para sentir que de fato merece a absolvição. Como você pode fazer isso? Talvez a pessoa ou pessoas envolvidas não estejam mais com você; talvez o acontecimento em questão se relacione apenas a você. É você que precisa decidir qual o melhor curso de ação. Mas aja imediatamente. Chame-o de carma instantâneo ou momento de pagar o que você deve. Ofereça generosamente seu tempo, dinheiro ou experiência para alguém ou alguma coisa. Não faça um dis-

curso a respeito do assunto. Não tente chamar atenção ou atrair a admiração dos outros. *Você* é o verdadeiro beneficiário neste caso. Não contamine a situação.

5. *Descontraia-se.*
Neste ponto do plano, relaxe! Descontraia-se. Sorria. Respire um pouco mais profundamente. Você está fazendo tudo certo. O que mais você pode fazer? Provavelmente mais nada além de lembrar a si mesmo que é apenas humano. Você está em uma jornada em busca da perfeição. Continue a desfrutá-la. Continue a fazer o melhor que puder da melhor maneira possível. Aprenda a lição a partir de seus atos. Não seja tão duro consigo mesmo.

Quando eu tinha treze anos eu era ao mesmo tempo cê-dê-efe e filhinha de papai. Uma combinação que me levou a colar em um exame de uma maneira vergonhosa. Fui profundamente humilhada. Meu pai foi chamado para que me levasse imediatamente embora da escola. Outro pai talvez tivesse me humilhado ainda mais. Por sorte o meu tinha senso de humor e era uma pessoa melhor do que qualquer uma das irmãs de caridade do colégio de freiras em que estudei. Ele foi capaz de ver que eu havia aprendido minha lição e ressaltou tão-somente que eu estava tentando fazer o melhor. Às vezes a maneira de ver as coisas é o que importa! Mantenha a calma. Depois de fazer tudo que pode e deve, esqueça o que passou e recomece.

Lembre-se de que você tem valor, é digno e merece o que há de melhor. Vamos lá. Você é divino. Relaxe.

Liberte-se!

Capítulo 7

Faça a Diferença

Nos anos 50, a segregação entre brancos e negros impera-
va no Estado americano da Geórgia. Havia banheiros, restaurantes, escolas e até mesmo praias separadas para negros
e brancos. Os ônibus tinham correntes que separavam os
brancos — que viajavam na frente — dos negros — que ficavam atrás. Nesse ambiente, um jovem padre irlandês
morava e trabalhava em uma das áreas mais pobres de
Savannah. O padre Jim era diretor da St. Pius V, uma escola secundária só para negros. O colégio tinha um time de
basquete magnífico. Os jogadores eram invencíveis e ganha-
ram o campeonato da Confederação Estadual de Negros em
1953. O padre Jim requisitou o ingresso da escola na Confederação Católica, que permitiria que os rapazes jogassem com
mais times e realmente se destacassem. O pedido foi nega-
do. A confederação só estava aberta para times de brancos.

O padre Jim não era facilmente ludibriado, de modo que
sugeriu uma partida entre a melhor equipe da confederação, a The Sacred Heart, e seu time. A sugestão foi aceita,
sob a condição de que o time da St. Pius comparecesse sozinho, sem torcedores. Tudo bem. Os rapazes do padre Jim
"perderam" o jogo por uma diferença de quatro pontos. Foi
organizada outra partida, como é de praxe, a ser realizada
na escola do time perdedor. O padre Jim generosamente convidou a equipe do The Sacred Heart a trazer os familiares e

uma torcida em igual número à do time da St. Pius. O recinto do jogo foi dividido em duas partes iguais, e um evento extraordinário realizou-se. A equipe da St. Pius ganhou sem esforço, derrotando o time adversário por uma diferença de trinta pontos. O que *realmente* importou em toda essa situação foi o fato de ela ter revelado a intolerância e o preconceito que impedia os jovens até mesmo de jogar juntos ou ser educados ao lado uns dos outros na mesma sala de aula. O verdadeiro triunfo foi dar àqueles adolescentes negros a oportunidade de ver como eles eram brilhantes e capazes de sobressair contra qualquer time, de negros ou de brancos, e que eles eram iguais a todo mundo. Se eles podiam ser os melhores na quadra de basquete, por que também não poderiam sê-lo em outras áreas da vida? Quem pode saber a diferença que aquele dia fez para eles ou para outras pessoas presentes? Quem pode saber o papel que aquele dia desempenhou, ao lado de muitos outros atos de desafio, na revogação final da segregação? Dez anos ainda transcorreriam antes que a Lei dos Direitos Civis abolisse todas as leis de segregação pública em todos os Estados Unidos.

Neste ato, e em muitos outros de natureza semelhante, o padre Jim estava apenas fazendo "a coisa certa", a única coisa que ele sentia poder fazer naquela situação. Ele nunca pediu uma recompensa, glória ou fama pessoal. A Universal Studios nunca fez um filme sobre a vida dele. Você só está lendo essa história porque o padre James Harrold é meu tio, o irmão mais velho de meu pai. E eu só soube dela porque meu irmão Brian passou recentemente por Savannah, em uma viagem a negócios, e visitou a região onde meu tio tinha vivido e trabalhado. Brian falou com alunos e paroquianos dele, que se lembravam com nitidez de nosso tio e falaram vividamente dele, e você está lendo a história cinqüenta anos depois. Meu irmão diz que a região não mudou muito. Como diz o padre Jim: "Podemos alterar as leis, mas o coração das pessoas demora muito mais para mudar". O mundo está longe de ser perfeito. Ainda existe uma enorme necessidade de pessoas que façam a diferença como padre Jim fez, e continua a fazer, na Irlanda, em plena forma e fabuloso aos 85 anos de idade.

Martin Luther King disse que nem todo mundo pode ser famoso, mas que todo mundo pode ser grande. A verdadeira grandeza reside em fazer a coisa certa consciente de que ninguém mais sabe o que está acontecendo. *Você* pode ser grande sempre que desejar. A escolha do momento cabe a você. As oportunidades estão em toda parte. Você decide.

Nunca sabemos quem realmente somos enquanto não nos vemos em ação. Você pode *saber* que é generoso, mas se não fizer algo que expresse essa generosidade, tudo que terá é um conceito. Você pode *saber* que é bondoso, mas se não praticar uma boa ação, tudo que terá é uma *idéia* a respeito de si mesmo. Enquanto não se vir em atividade, você poderá especular a respeito de si mesmo. Transforme os conceitos mais formidáveis sobre si mesmo nas maiores ações; assim terá prova de quem realmente você é. Não basta saber; suas ações revelam quem você é e quem pode ser.

No capítulo "Seja uma Boa Pessoa", mencionei a necessidade dos valores pessoais. Agora, minha sugestão é de que você considere a aplicação desses valores e dessas atitudes. Procure verificar se os valores que você segue, por meio de suas ações, expressam o que há de mais elevado e melhor em você. Examine seus valores um por um. Exponha-os ao escrutínio público. Se você puder dizer ao mundo quem você é e em que você acredita sem hesitar ou fugir, estará feliz consigo mesmo. Você terá criado um eu e uma vida que não precisam ser melhorados. Você terá atingido a perfeição.

Vivemos em uma época perigosa. Há um grande número de adolescentes que não parecem ter nenhum sentimento intrínseco do certo e do errado e que carecem de orientações morais ou de uma consciência que lhes restrinja o comportamento. Eles não têm um sentimento de família, de responsabilidade ou de comunidade. A ausência de exemplos masculinos positivos é terrível. O fracasso da religião em oferecer uma liderança moral com freqüência sinaliza que as crianças são criadas em um completo vazio moral. Os seriados e o *playstation* preenchem o vazio. Talvez você esteja pensando sobre o que tudo isso tem a ver com você. Bem, somente você pode decidir isso. Mas não se engane, cada um de nós enfrenta uma escolha. Quer você goste, quer não, sua opção é ir levando as coisas e lamentar-se ou erguer-se e fazer alguma coisa. Para que o mal floresça, basta que as pessoas boas não façam nada, absolutamente nada. Ir levando e lamentar é uma decisão dissimulada. É uma escolha. Indica um sentimento de impotência e resignação. As pessoas boas como você precisam ser poderosas, mas o que importa não é o poder e sim a influência. O mundo precisa que você supere a hesitação e se torne uma força do bem. Faça o que se sentir impelido a fazer. Você não precisa de um doutorado em "Fazer a Diferença" para causar impacto. Entre em ação. Você já sabe como assumir uma posição, vá em frente. Precisamos de mais heróis. Imponha-se, diga o que pensa e defenda a causa que escolheu. Não se importe com quem está olhando para você. Não pense em causar boa impressão. Sua causa é mais importante do que o constrangimento que você possa sentir.

Sua contribuição também pode ser mais discreta. É óbvio que as crianças e os adolescentes são os que mais precisam de ajuda. Você pode fazer muitas coisas como pessoa; muitas organizações poderiam utilizar muito bem sua boa vontade. Ajudar um jovem de catorze anos a ler e escrever melhor talvez seja a melhor coisa que alguém já fez por ele e *você* poderia fazer isso. Quando um número suficiente de pessoas se ergue e resolve fazer a diferença, a mudança torna-se irreprimível. Pense em Mahatma Gandhi, Martin Luther King, Nelson Mandela, as irmãs Pankhurst, John F. Kennedy, Aung San Suu Kyi, o líder birmanês e, mais recentemente, no prefeito de Nova York, Rudi Giuliani. Corpo de Experiência foi lançado na Grã-Bretanha em fevereiro de 2002, o maior programa nacional de voluntários apresentado por um governo desde a Segunda Guerra Mundial. Anúncios de página inteira nos jornais convocam pessoas com mais de cinqüenta anos a se inscrever e transmitir aos jovens sua "rica experiência". O anúncio cuidadosamente redigido diz: "Não há oferta de salário, mas se oferece algo muito mais valioso. Não importa se você é diretor-executivo, eletricista ou advogado. Você vai descobrir que nada é capaz de proporcionar maior satisfação do que também ajudar seu semelhante".

Às vezes temos de ser instigados ao extremo antes de sentir que temos de entrar em ação. Ao escrever dois dias depois que três mil pessoas perderam a vida no pior ataque terrorista da História, o escritor Philip Norman referiu-se às profundas mudanças que a tragédia provocara. Residente em Nova York na década de 80, exatamente nas proximidades do World Trade Center, ele chegou a acreditar que a cidade não tinha coração. No entanto, já no dia 13 de setembro, sua opinião tinha mudado. Ele se lembrou do egoísmo e do egocentrismo dos nova-iorquinos, particularmente a total indiferença deles diante do sofrimento alheio; lembrou também que, apesar da riqueza estupenda da cidade, viam-se mendigos em situação mais deplorável do que nas piores cidades do Terceiro Mundo. Entretanto, no instante em que o desastre aconteceu, surgiram relatos de nova-iorquinos que compreenderam que não viviam, como sempre tinham pensado, em uma cidade dividida em *uptown* e *downtown*, e sim em uma comunidade que enfrentava uma crise como nunca se vira desde a Guerra Civil. Os americanos sempre admiraram o espírito empreendedor de luta dos ingleses durante a Segunda Guerra Mundial, mas esse mesmo espírito despertou em Manhattan. Nos hospitais houve uma dedicação total ao tratamento dos que tinham sido gravemente feridos e ao consolo e aconselhamento dos traumatizados. Não passou pela cabeça de ninguém pedir para ver um cartão de crédito. As pessoas abriram suas residências para os que estavam em estado de choque. Os restaurantes enviaram levas de comida para os que trabalhavam nas equipes de resgate. Nova York, concluiu Norman, havia se tornado um lugar mais rico. A cidade talvez tenha perdido o maior símbolo de riqueza e poder da atualidade, mas reencontrou seu coração. O que aconteceu no dia 11 de setembro fez com que cada um de nós questionasse o que é fundamental para nossa vida. Enquanto homens de terno pulavam das janelas, passageiros de companhias aéreas atacavam seqüestradores com facas de manteiga e os mercados assinalavam uma depressão global, quase todos começamos a reavaliar o propósito da vida. Esperemos que o ocorrido nos faça compreender que uma casa maior, um carro melhor, uma nova estufa, ações e pensões não são tudo na vida. O que importa hoje é viver uma vida honesta e respeitável.

FAÇA A DIFERENÇA

1. *Seja poderoso.*
As pessoas boas como você precisam ser dinâmicas e ocupar posições de poder e influência na vida pública. Abandone a modéstia e a timidez, e aproveite cada oportunidade para se promover. Se você não fizer isso, quem o fará? Talvez alguém com menos escrúpulos. Você precisa tentar. Você deve isso a si mesmo e a todos nós. Faça hoje algo de que se sinta orgulhoso.

2. *Viva uma vida importante.*
Torne sua vida importante fazendo com que ela fique acima da média, além da idéia de ganhar e gastar dinheiro. A vida *tem* de ser mais do que isso. Tome medidas para que a sua seja. Dedique-se a uma causa que se harmonize com seu coração ou sua consciência. Verifique de que modo você pode causar um impacto. Pense de um modo global e aja localmente. Uma pessoa inteligente como você possui os recursos para impedir que torres de telefone celular sejam erguidas do lado da escola primária de seu bairro ou para fazer a vizinhança unir-se contra os incorporadores que ameaçam transformar as lojas do local em apartamentos de luxo. Pessoas como você fazem tudo isso.

3. *Seja diferente.*
Cada dia traz consigo oportunidades para grandes gestos. Agradeça com convicção e estilo. Reconheça o mérito dos outros e expresse seu sentimento por escrito ou mandando flores. Para viver de modo ilustre, você precisa agir com graça e generosidade. As pessoas nobres nunca agem de uma maneira mesquinha. As pessoas magnânimas largam tudo e correm para ajudar o melhor amigo em qualquer circunstância, mesmo quando ele diz que está tudo bem. Até mesmo a escolha de um detergente pode ser o ato de uma pessoa que opta por fazer sua parte em prol de um planeta mais limpo. As ações cotidianas de bondade e generosidade farão de você uma pessoa magnânima e enobrecerão sua vida. Ilumine o dia de alguém com um sorriso e uma palavra delicada, e ela fará o mesmo por você. Seu comportamento será cada vez mais *diferente* da norma, o de uma pessoa superior. E é isso que você é!

4. *Permaneça descontraído.*
Evite sentir-se oprimido pela enormidade do que você quer fazer. Não se deixe abater. Faça sua parte e continue animado. Tudo é uma questão de disciplina. Todos os mestres espi-

rituais permanecem ativamente bem-dispostos, independentemente do sofrimento pelo qual estejam cercados. Esforce-se por manter um espírito positivo. Se você estiver se deixando arrastar pela angústia, recue. Faça uma pausa e volte a ver as coisas de uma maneira sensata e razoável.

5. *Não se deixe contaminar.*
Resista à tentação de chamar a atenção para suas boas ações. Não as proclame aos quatro ventos. Sua recompensa é saber que é brilhante. Sua grandeza está em perceber que se destaca da multidão. Além disso, é claro, a vida nunca fica monótona. Sua vida é muito mais interessante do que a vida das pessoas que não fazem nada. Você conhecerá pessoas magníficas. A pressa de se ver em ação, causando um impacto, faz com que você permaneça interessante e jovem. Seja magnânimo. Faça grandes opções. Opte por se destacar. *Você* é o verdadeiro beneficiário.

Faça a diferença!

Capítulo 8

Faça de Conta

Aprendi a importância de fazer de conta quando tinha pouco mais de doze ou treze anos. Eu estava profundamente impressionada com as novas locutoras da televisão, Angela Rippon e Anna Ford, de modo que cheguei à conclusão de que aquele talvez também fosse meu futuro. Discuti o assunto com meu querido pai, que me adorava, que achou a idéia esplêndida e me ofereceu seu total e irrestrito apoio. Chegamos à conclusão de que um forte sotaque de Belfast poderia não ser o ideal para o noticiário noturno da BBC, pois as variações regionais do inglês da rainha estavam mais em moda. Passamos imediatamente a nos dedicar à tarefa de refinar meu sotaque, suavizando e polindo cada palavra para que eu desse a impressão de poder ter nascido em qualquer lugar. Fui para a escola no dia seguinte parecendo mais ter vindo de Malone Road do que da área de Mourneview (Malone Road é a Eaton Square de Belfast e a área de Mourneview é algo completamente diferente). Eu estava fingindo e adorando o que estava fazendo. E funcionou perfeitamente. É bem verdade que não estou lendo as notícias na televisão, mas de qualquer modo mudei de idéia a respeito do assunto. Não me entenda mal. Não me sinto nem um pouco envergonhada por ter nascido na Russell Drive, nº 77, nem me arrependo de nada em minha vida pregressa. Só não gostava do sotaque que acompanhava tudo isso. Eu sabia que não iria muito longe com ele. Afinal de contas, o que importa não é de onde viemos e sim para onde estamos indo.

Continuei a fingir a vida inteira e provavelmente vou continuar a fazê-lo pelo resto da vida. Essa decisão tem sido para mim uma enorme vantagem e me conduzido aos mais variados tipos de lugares e situações sociais interessantes. Isso não quer dizer que eu seja uma fraude. A integridade, a honestidade e a autenticidade são extremamente importantes para mim. Sou muito verdadeira, mas simplesmente detesto a limitação. Desse modo, se a imitação e o fingimento tornam mais fácil e mais divertido passar pela vida, sou cem por cento a favor deles. Desista de tentar descobrir quem você é. A questão é: quem você deseja ser? Porque a verdade é que você poderia ser qualquer pessoa. As crianças sabem disso instintivamente. A não ser, é claro, que elas tenham sido ensinadas a pensar de outra maneira. Jamie, meu filho de doze anos, fez a seguinte declaração, um dia desses, enquanto eu o levava para a escola: "Qualquer pessoa pode fazer qualquer coisa que quiser. Pode aprender a tocar piano, violão, fazer qualquer coisa, ir a qualquer lugar, ser qualquer coisa que queira. Tudo de que ela precisa é aprender como fazer isso". Foi um momento de real descoberta para Jamie, e o preservará e recorrerá a ele de vez em quando ao longo dos anos. Se eu tiver sorte, ele fundamentará toda sua vida nesse único momento esclarecedor.

É óbvio que nós, no mundo desenvolvido, temos muito mais liberdade do que nossos vizinhos de outras nações, e precisamos nos lembrar disso de vez em quando. Assim, serei bastante clara a respeito do que estou realmente querendo dizer aqui. O fingimento, do jeito como o pratico, é a ponte que liga o lugar onde você está agora àquele onde você quer estar. Esse intervalo precisa ser transposto e o desafio que você enfrenta é fazer isso da maneira mais rápida e imaginativa que puder. Em outras palavras, você pode se redesenhar e reinventar em qualquer momento e em qualquer lugar. Paul McKenna é um dos maiores hipnotizadores de palco do mundo e se transformou num multimilionário com a venda de seus shows, fitas e livros. Ele tem uma série na televisão e pode ser encontrado nas melhores festas e pré-estréias. Aos 29 anos, ele era um DJ de rádio praticamente desconhecido. Certo dia, ele entrevistou um hipnotizador em seu programa e ficou fascinado. Ele decidiu naquele momento que iria fazer um treinamento e criar para si mesmo uma vida nova e estimulante. Ele sabia que para ser bem-sucedido, teria de *parecer* confiante, relaxado e totalmente seguro. Assim sendo, ele começou a *agir como se fosse uma pessoa desse tipo*. Ele é tão convincente que claramente se tornou a pessoa que sempre quis ser, ou seja, um triunfo da autocriação.

Aprender a fazer de conta é fundamental. Quanto melhor a atuação, mais verdadeiro você é e mais rápido você transpõe o intervalo. De que outro modo os atores desempenham de uma forma convincente o papel de personagens completamente diferentes deles? Eles identificam os gestos e o comportamento do papel escolhido e a seguir habitam a persona dele. Eles a vestem como um manto para que seu eu anterior fique oculto. Quando repetem meticulosamente o procedimento, eles nos convencem. Quando eles o repetem por bastante tempo, *eles* se convencem. Essa escola de interpretação de "Método" muitas vezes faz com que o ator tenha uma enorme dificuldade em se libertar da persona que adotou.

Para desempenhar seu papel no filme *O Lutador*, Daniel Day-Lewis realizou um treinamento de tempo integral durante *dois anos* antes de a filmagem propriamente dita começar. Ele se mudou para a Irlanda para treinar com o campeão de boxe irlandês Barry McGuigan, corria dez quilômetros e treinava boxe seis dias por semana. Ao final, na opinião de McGuigan, ele se tornara bom o suficiente para ser um profissional, e o filme conquistou três Globos de Ouro. Isso é fingir tão bem que a coisa se torna real. Você se transforma naquilo que você imita e deseja ser. O erro que muitas pessoas cometem é desistir antes que o desejo se torne realidade. Elas se sentem pouco à vontade; acham que estão fingindo, e é claro que estão. Essa é a maneira mais fácil, e às vezes a única, de conseguir ter sucesso. *Agir como se* é um grande termo de recuperação nos Alcoólicos Anônimos. Aja como se acreditasse que permanecerá sóbrio. Aja como se gostasse das reuniões. Aja como se acreditasse em Deus. Aja como se estivesse rezando. Aja como se acreditasse nos doze passos. E, em breve, assim será.

Faking (Fazendo de conta) é o título de uma das séries mais populares da televisão inglesa. Cada programa apresenta uma pessoa corajosa disposta a aceitar o desafio de transformar completamente sua identidade. Uma das mais impressionantes foi Ed, um homem que vendia hambúrgueres em um quiosque, que teve de "fingir", em apenas quatro semanas, que era *chef* de um dos restaurantes mais sofisticados de Londres. O desafio de Ed era convencer um júri formado por especialistas de que ele era um *chef* genuíno. Ao aprender o ofício na cozinha do famoso *chef* Gordon Ramsay, Ed precisou dominar não apenas as habilidades culinárias necessárias, mas também a arrogância e os rompantes de um grande *chef* temperamental. Um dos mais graves problemas de Ed era exercer a autoridade e um professor de interpretação recebeu a função de transformar Ed em um *chef* arrebatado e soberbo. Este não era um desafio insignificante para alguém que detestava dizer às pessoas o que deviam fazer. "Prefiro morrer", dizia Ed. O maior problema de Ed era o fato de ser bonzinho demais para realizar o trabalho como deveria.

Pouco a pouco nós o vimos penetrar no papel, aprofundando e projetando a voz para dar instruções, adulando e persuadindo sua equipe a entrar em ação, exercendo autoridade e liderança. Finalmente, chegou o dia do julgamento. Ed e sua equipe estavam competindo com três grupos de *chefs* profissionais de algumas das melhores cozinhas de Londres. Será que ele conseguiria convencer os jurados de que era um profissional, ou eles saberiam que ele estava apenas fingindo? Ed foi magistral e magnífico. Concentrado, determinado e dinâmico, ele deu ordens vigorosas à sua equipe, guiando-os para que preparassem dentro do prazo uma esplêndida refeição. No calor sufocante da cozinha, sob o olhar dos jurados e das câmaras, ele manteve tudo sob controle. Ele se mostrou à altura do papel e desempenhou-o muito bem, a ponto de convencer os jurados de que ele era um *chef* verdadeiro. Na verdade, ele venceu a competição em que concorreu com profissionais que tinham anos de experiência. Foi realmente uma apresentação de classe.

Acredito que os grandes empreendedores, em todas as áreas, compreendem a importância do fazer de conta. A inglesa Anna Wintour, redatora-chefe da *Vogue* americana, é um exemplo do estou dizendo. Uma pessoa altamente bem-sucedida no mundo implacável do mercado editorial americano, ela é conhecida como Nuclear-Wintour por causa de seu jeito glacial. Pessoalmente, eu a considero fabulosa e um magnífico exemplo para as mulheres dinâmicas, sobretudo se sair do escritório em um horário decente que lhe permita ver seus filhos for importante para você. A determinação dela é lendária. Em um recente documentário, ela admitiu "agir com determinação", mesmo quando não se sente dessa maneira. Se lhe oferecem a escolha de uma saia preta ou branca para a foto da capa, ela não hesitará em dar de imediato uma resposta inequívoca. Sem demora ou dúvida, uma decisão é tomada. Ao explicar a situação, ela simplesmente ressalta que sua posição exige que seja vista como uma pessoa determinada. Sua equipe precisa que ela aja dessa maneira. Ela tem de resolver muitas coisas e, afinal de contas, trata-se apenas da moda. Independentemente de como se sente, ela age de um modo determinado. Não duvido de que muitas de suas decisões sejam genuinamente sentidas. Outras são um fingimento civilizado. Ela é uma autêntica profissional.

Até mesmo Churchill, o grande herói da guerra, compreendia a importância de se adequar a um papel e representá-lo. Ele transmitia força e confiança o tempo todo para incutir fé em sua liderança e sustentar o espírito de luta do povo inglês. Apesar dos reveses, ele sistematicamente convenceu a nação de que a vitória era iminente e inevitável. Não obstante como se sentia por dentro, ele agia com firmeza e confiança. Essa atitude convinha totalmente ao papel e à responsabilidade que ele tinha. Mais recentemente, o ex-prefeito de Nova York, Rudi Giuliani, foi elogiado por sua atitude, digna de um presidente, após o ataque de 11 de setembro à cidade. Sua postura em público foi forte e confiante, apesar de sua agitação e dor pessoais. Consciente da necessidade de mostrar liderança e manter seu povo forte, ele foi rotulado de o "verdadeiro" presidente. O sr. Giuliani declarou mais tarde que seguiu o exemplo de Churchill ao parecer forte e confiante. Seu dever não lhe permitia outro comportamento.

FAÇA DE CONTA

1. *Você poderia ser qualquer pessoa.*
   Quem você deseja ser? Decida como você quer ser visto. Que tipo de pessoa você quer dar a impressão de ser? Quais são as principais características e traços de personalidade que você quer possuir? Jovial, despreocupada, generosa? Extremamente segura, autoconfiante e imperturbável? Tudo isso e mais ainda? Você decide. Esforce-se para ser assim. Quanto mais você se esforçar, mais convincente você será para os outros — e

para si mesmo. Lembre-se o tempo todo de quem você é. Logo você não precisará fazer mais isso, você será real.

2. *Torne a coisa real.*

Você não pode exercitar sozinho sua nova persona. Você precisa se expor em público. Você tem de praticar e necessita de pessoas com as quais possa fazer isso. Aproveite cada oportunidade de representar diante dos outros. Tome chá no Claridges e champanhe no Savoy. Vista o comportamento que você escolheu, desempenhe o papel. Exale confiança, desembaraço e cordialidade. Não sinta medo; não dê atenção a ele. Simplesmente assuma a postura. Sua mente acompanhará seu corpo e logo você se sentirá tão bem quanto parece.

3. *Vista-se para vencer.*

A aparência é importante. Pergunte a qualquer pessoa que tenha deixado de ser morena para ser loura, que vestia manequim 50 e passou para 40. Adequar-se ao papel implica que metade da batalha está ganha. Com freqüência os atores dizem que só incorporam o papel quando de fato se vestem de acordo com ele. Qual é seu código de vestuário? Que impressão você precisa dar? Se perder cinco quilos faz com que você se aproxime mais de seu verdadeiro eu, emagreça. Aqueles que podem pagar contratam estilistas para que possam apresentar a imagem adequada. Pense em Madonna, Kylie, Tina Turner e todas as bandas pop do mundo. Os estilistas e o controle que eles têm da imagem são tão valorizados e procurados hoje em dia que estão se tornando estrelas por próprio mérito. Katie Grand, responsável pelo mais recente "visual" da Madonna, é festejada e entrevistada, hoje no Reino Unido, por seu valor pessoal.

4. *O nome é adequado?*

Você se sente à vontade sendo Daniela, Leonardo, Sandra ou Roberto? Ou então, caso você trabalhe na área do entretenimento, Fifi Trixibelle ou Honey Delight? Não existe absolutamente nenhuma razão pela qual você deva permanecer com o nome que recebeu. Mude-o. Troque Fernando por Eduardo, Sofia por Marlene, ou qualquer outro. Eu adoro o nome Fiona, mas se eu fosse chamada pelo nome que escolheram para mim quando fui batizada, Martina, acho que simplesmente não daria certo. Sou uma Fiona, nunca uma Martina. Não surpreende que Elton John tenha abandonado o nome Reg Dwight, que Sting tenha deixado de ser Gordon Summer e Marie McLaughlin tenha se tornado Lulu. Denise van Outen soa muito mais interessante do que apenas Denise Outen. E Norma Jeane Baker *tinha* de se tornar Marilyn Monroe. Minha grande amiga, a romancista Lennox Morrison, costumava ser Margaret. Mas ela nunca foi *realmente* uma Margaret e sim sempre uma Lennox "na espera". Junto com o nome, Lennox mudou a aparência e a carreira, fechando um desses contratos de dois livros dos quais ouvimos falar. Portanto, um nome diz muita coisa. Se você acha que o seu não é adequado, escolha um melhor. Seja verdadeiro com quem você é agora.

5. *Mude de bairro ou de cidade.*

Se você é um adolescente homossexual em Nebraska ou North Shields, você precisa ir para Nova York, Londres ou uma cidade assim para ficar perto de pessoas como você. Nova York em especial é um lugar aonde as pessoas vão para descobrir quem são e o que querem. Todo mundo pode encontrar seu grupo lá, seja ele cultural, étnico ou de estilo de vida. Você precisa morar em um lugar onde possa se sentir vivo, onde possa ter um lar e sentir-se capaz de se expressar. Londres é grande o bastante para permitir que você recomece, que tenha um novo começo simplesmente mudando de bairro, indo de Brixton para Hampstead, de Barnes para Islington.

Lembre-se, não importa de onde você vem, mas sim para onde você está indo. Divirta-se durante o percurso e, quando precisar:

Faça de conta!

Capítulo 9

Fabrique Sua Sorte

Observo as pessoas desde que me entendo por gente, a vida inteira, na verdade. Eu adorava ir a hotéis e restaurantes com meu pai apenas para olhar. A comida não era o que importava; com freqüência tomávamos apenas chá quando o local era realmente caro e elegante. Íamos lá para ver as pessoas. De Portadown a Palma, nós observávamos. Assim, não consegui acreditar em minha sorte quando, aos catorze anos, consegui um emprego na chapelaria do mais requintado hotel da cidade, o Seagoe Hotel. Lá eu podia observar as pessoas bem de perto *e* receber um salário para fazer isso. Era o céu na terra. Philomena Begley e seus Ramblin Men faziam seu trabalho no palco enquanto eu fazia o meu na chapelaria. Eu era invisível para todas as dançarinas e casais que lá iam jantar, mas eu era livre para aprender. Vi muitas coisas a partir de então, mas nunca perdi o interesse. Estou tão vigorosa e alerta quanto há vinte e cinco anos a respeito da vida e da melhor maneira de passar por ela. Acredito que desejo, acima de tudo, sentir que estou vivendo a vida mais interessante e melhor possível, para mim, ou seja, que não estou perdendo uma coisa melhor em outro lugar. Não tenho certeza se todo mundo sente a mesma coisa, mas você não sente? Por que outro motivo você estaria lendo este livro? Você poderia ter nas mãos inúmeros outros livros. O fato de você ter escolhido este não é coincidência. Portanto, suponho que você esteja tão ansioso quanto eu para levar uma vida verdadeiramente magnífica.

Então quero que você torne sua vida o mais fácil e incrível possível. Quero transmitir a você o que lhe pode ser mais útil. Em todos os meus anos de observação, remunerada ou não, pude perceber que existe certo tipo de pessoa que leva uma vida imensamente mais fácil do que outras. Dizemos que elas são pessoas "de sorte", que levam uma "vida afortunada", que parecem "abençoadas". Ou será que se trata de um "carma bom"? Elas têm a sorte do diabo, a sorte dos irlandeses. Não importa onde possam ter caído, elas ainda têm uma boa aparência e um cheiro fabuloso. Portas se abrem, convites de oportunidades chegam em profusão, a sorte é o estado natural delas. Com uma enorme freqüência, elas estão no lugar certo na hora certa. Elas são um campo de força de felicidade e oportunidade. Além disso, droga, elas são formidáveis! O que elas sabem que os outros não sabem? Qual o segredo delas?

Não tenho certeza se elas seriam capazes de lhe dizer. Mas eu acho que posso. Elas são minhas pessoas prediletas; eu as adoro. Eu as procuro e fico do lado delas o máximo que posso; são meu tipo de pessoa. Consigo identificá-las instantaneamente. Outro dia conheci um motorista de táxi e soube, *na hora*, que ele era uma dessas pessoas. Passei os primeiros vinte e um anos de minha vida perto de um, meu pai, e o vi em ação. E depois olhei a minha volta e notei que meu irmão mais velho, Brian, também era! Isso é que é sorte. Ouvi recentemente a narrativa da vida e da morte de um homem que achei absolutamente cativante. Eis a história.

No dia 20 de fevereiro de 2001, Mark Simpson literalmente parou o trânsito no centro de Londres. Seu velório foi realizado na Igreja da Santa Trindade na Sloane Avenue.

Os carros tiveram de dar marcha a ré até Piccadilly, enquanto um bispo assistente de Londres conduzia o cortejo ao redor da Sloane Square, cuja calçada estava repleta de importantes nova-iorquinos e londrinos que acompanhavam o funeral. No entanto, a origem de Mark estava longe de ser ilustre. Quem era exatamente Mark Simpson? Ele só tinha 43 anos quando morreu de meningite. Seu romance com o alto escalão começara trinta e cinco anos antes, quando assistiu, pela televisão, ao esquife de Churchil ser conduzido em um desfile militar pelo Whitehall e perguntou-se em voz alta como poderia ter um enterro semelhante.

Mark era filho adotivo de um vigário. Ele estava determinado a trabalhar para a família real. Com apenas dezessete anos, já tendo sido anteriormente rejeitado por ser jovem demais, enfim conseguiu uma colocação na ala infantil do palácio, e na década seguinte seu sonho tornou-se realidade. Mark acompanhou o príncipe de Gales à Austrália e a rainha à Arábia Saudita; navegou no iate real, o *Britannia*, e hospedou-se em Sandringham e Balmoral. Mais tarde, de algum modo, o criado real conseguiu passar através da rede social. De certa maneira, o tipo de pessoas a quem ele servira passou a desejá-lo como convidado e confidente. Mark sempre sentiu que estava mais no andar de cima do que de baixo. Os grandes e os virtuosos se referiam a ele como "solícito, delicado, generoso, engraçado, encantador, incrivelmente cativante e digno de confiança". Ele fez amigos poderosos, mudou-se para Manhattan, onde importava antiguidades inglesas e passava os fins de semana na casa de seu amigo em Hamptons. Em meados dos anos 90, uniu-se a Lucy Fox (hoje condessa Gormanston) para criar a Fox & Simpson, que levava americanos ricos para conhecer as majestosas residências britânicas. "O interessante a respeito de Mark", disse a *socialite* Ivana Miller, "é que ele passou a vida em um permanente estado de felicidade, sempre acreditando que as coisas dariam certo." E teriam, provavelmente. Até mesmo perto do fim da vida, quando seu negócio faliu — parece que não sabia lidar com dinheiro — e ele teve de morar com amigos, se bem que em Chelsea, Mark continuou animado. Pouco antes de morrer, foi apresentado ao agente do cantor Robbie Williams, que lhe disse que Robbie precisava de um assistente particular. Mark candidatou-se ao emprego, que incluía um apartamento, foi entrevistado e parecia ter certeza de que conseguiria a colocação. A revista da alta sociedade *Tatler* publicou: "Mark era uma pessoa que fez sua vida a partir do nada, viveu-a como se fosse um fim de semana prolongado e abandonou-a no meio do caminho".

Duas coisas me impressionam a respeito de Mark. Obviamente ele venceu na vida pelo poder de seu magnetismo. As pessoas, as possibilidades e as grandes oportunidades chegavam até ele em grande quantidade. Algumas pessoas podem ter olhado para ele com admiração e inveja, deixando de entender seu imenso fascínio. Mas o motivo pelo qual ele era tão atraente é claro como água para mim. Era simplesmente um prazer conhecê-lo e estar com ele. Eu também admirava sua firmeza e perseverança. Ele não era um mero dândi. Ele se esforçou para conseguir o que queria: uma vida glamourosa na companhia da família real. Ele fez isso acontecer. De início rejeitado por ser jovem demais, ele persistiu e, quando teve a oportunidade, seu conhecimento da história e da tradição da família real foi tão impressionante que ele conseguiu o emprego na hora. Ele aproveitou bem seus contatos e oportunidades para forjar seu papel na vida, nos dois lados do Atlântico. Mark criou sua sorte. Ele provavelmente poderia ter nos ensinado algumas coisas.

Vamos ser claros. Essas pessoas *de fato* existem. Não é ficção; é tudo verdade. Elas são realmente afortunadas, são especiais. A soma das partes da personalidade delas contribui para um poderoso resultado. Você certamente conhece pelo menos uma pessoa assim. Você pode até mesmo ser uma delas. Elas "tiveram sorte" quando o caráter delas estava sendo formado. Elas têm muitas coisas a favor delas e é tudo natural. Estou falando de carisma, calor humano, charme, traquejo social, sagacidade, espírito generoso, otimismo natural. Elas têm tudo isso sem ter de se esforçar e nem mesmo sabem a sorte que têm! É claro que elas possuem seu quinhão de reveses e desapontamentos, mas são decididamente alegres e animadas. Conseguem recuperar-se mais rápido do que a maioria das pessoas, têm mais energia. E nunca, jamais, são amargas, nem guardam rancor. É fácil perceber por que são tão atraentes.

Você não quer ser um pouco assim? Claro que quer. Não existe razão pela qual você não possa optar por ter mais prosperidade, descontração, espontaneidade e muita sorte. Essas pessoas naturalmente afortunadas têm em comum vários padrões, características e hábitos. Não existe nenhum motivo pelo qual você também não possa compartilhá-los. Acredito ter identificado com precisão os cinco fatores fundamentais que essas pessoas têm em comum. Estou convencida de que descobri uma fórmula vencedora. Sei que ela funciona porque a utilizei com eficácia com meus clientes e, é óbvio, eu não iria querer que você experimentasse uma coisa que eu não já tivesse testado plenamente em mim mesma. Você pode aprender esses hábitos, adaptá-los para seu uso e obter os mesmos resultados. Estou ciente de que algumas pessoas nascem em casas magníficas e têm pais extremamente amorosos e carinhosos. Não pense nisso. Você pode mudar sua sorte. Fabrique sua sorte; seu destino está em suas mãos. Você tem livre-arbítrio. De qualquer modo, o dinheiro não compra a felicidade, embora as pessoas de sorte raramente tenham falta dele. Vou conduzi-lo por essa fórmula vencedora. Vou *desvelar* para você o que torna essas pessoas tão especiais. E acredite, elas são. Não é mágica, não é complicado; mas é brilhante. E quanto mais pessoas desse tipo houver por aí, melhor. Está se sentindo com sorte? Vamos lá.

FABRIQUE SUA SORTE

1. *Elas transpiram charme.*

Isso mesmo. Quero dizer transpiram. Elas são atraentes, emanam charme. O comportamento delas é impecável e elas se esforçam para isso. Elas dizem obrigado e por favor com estilo e sinceridade. Elas exibem uma gratidão tão genuína, que recebem a mesma gratidão, mas em maior quantidade, ainda que suas ações jamais sejam motivadas por isso. As coisas simplesmente acontecem desse jeito. Meu grande amigo Simon faz isso magistralmente. Ele era ator e reinventou-se aos 35 anos de idade, tornando-se jornalista internacional. Em três meses ele tinha mais do que duplicado seu rendimento anterior e estava sendo contratado pela imprensa de alto nível e por revistas sofisticadas. Não tenho a menor dúvida de que seu jeito refinado foi um instrumento importante para a sorte dele nessa área. A atitude dele faz com que ele se destaque e lhe granjeia a estima das pessoas. Elas se lembram dele. Em uma recente viagem que fez aos Estados Unidos como jornalista, ele recebeu um *upgrade* para a classe executiva. Ao voltar para casa, telefonou para a pessoa responsável pela imprensa na British Airways para agradecer-lhe. A mulher ficou estupefata. Era a primeira vez, em quase vinte anos, que um jornalista se dera ao trabalho de telefonar para agradecer alguma coisa. Simon faz questão de tratar a todos com o mesmo respeito e jamais deixa de valorizar a gentileza e a generosidade das pessoas. Ele tem muito a agradecer, mas graças ao próprio esforço. A atitude importa. A elegância não custa nada.

2. Elas trabalham muito.

Você se lembra do ditado: "Quanto mais eu trabalho, mais sorte tenho?". Ele é verdadeiro. As pessoas de sorte não deixam a vida ao acaso. Elas são engenhosas ao tentar conseguir o que querem. Elas se esforçam mais e por mais tempo do que a pessoa comum. Às vezes elas também o fazem sem disfarçar a má vontade, apenas porque é preciso. Tive a sorte de almoçar recentemente com uma das mais importantes e respeitadas jornalistas do Reino Unido. Vou chamá-la de Jane. Todo mundo acha que a vida dela é muito fácil e, como você adivinhou, afortunada, e eu estava ansiosa para descobrir mais coisas. Aos dezenove anos, ela estudava design de interiores e arquitetura, e odiava o que fazia. Na escola, tinha recebido prêmios por suas redações e adorava escrever. No final dos anos 70, D. C. Thompson, uma das principais editoras do Reino Unido, tinha escritórios na cidade natal de Jane, Dundee. Ela foi até lá certo dia, sem marcar entrevista, disse a eles que escrevia bem e que estava procurando um emprego. Ela foi conduzida ao departamento de pessoal, recebeu papel e caneta, e pediram-lhe que redigisse alguma coisa. Ela escreveu a respeito de seu emprego pouco convencional no verão anterior, nas ilhas Shetland, entregou o que escrevera e foi admitida na hora. As coisas ficaram ainda melhores. A paixão de Jane na época era a música, especialmente as novas bandas *punk* que estavam surgindo na Inglaterra no final dos anos 70. Ela assumiu a posição de editora de música pop de uma das revistas nacionais da editora. Em poucos dias, ela estava em Edimburgo, acompanhando uma turnê de Bob Geldof e os Boomtown Rats. Não é legal?

3. Elas correm riscos.

Elas definitivamente vivem a vida com certo autodomínio. Elas vicejam com as novidades, abraçam a mudança e a aventura. Quando meu irmão Brian decidiu deixar a Austrália e voltar para a Irlanda, ele deixou para trás uma carreira brilhante, um futuro seguro, um estilo de vida fabuloso e grandes amigos para voltar para uma Irlanda cuja economia estava em depressão. Ele não tinha nenhum emprego a sua espera e possuía apenas parcas economias. Além disso, era casado, com seis filhos pequenos. Mas ele simplesmente sabia que estava na hora de fazer a mudança. Ele se recusou a seguir o conselho de todo mundo de que mantivesse a casa em Sydney, por via das dúvidas. Ele estava decidido a eliminar todos os vínculos para que não houvesse uma volta fácil. Eles simplesmente *teriam* de fazer a coisa dar certo. E, claro, foi o que aconteceu, mas não sem alguns momentos assustadores. Não obstante, ele conseguiu ter sucesso. Você pode ler mais sobre Brian em meu primeiro livro, *Seja o Treinador de Sua Vida*. Basta dizer que ele tem em vista outra mudança e dessa vez ela é realmente grande.

4. *Elas são uma excelente companhia.*
Elas se esforçam. Elas fazem o possível para incluir nossos interesses na conversa delas, e estão de fato interessadas em nós. Elas se esforçam ao máximo para fazer com que você se sinta à vontade na companhia delas. Elas conversam muito bem sobre amenidades, mas provavelmente pensaram muito no assunto e se exercitaram bastante. Um de meus clientes, cujo trabalho envolve viagens, lê na internet as principais notícias dos jornais da localidade que vai visitar, seja o sucesso do time de rúgbi da cidade, seja um escândalo político local — sobre qualquer cidade, seja Savannah, seja Cingapura. Essas pessoas também sempre passam a impressão de ficar encantadas por nos ver, e todo mundo gosta de ser bem recebido. Com tudo isso, gostar *delas* é muito fácil.

5. *Elas são generosas.*
Elas se doam aos outros. São generosas com o dinheiro, tempo, informações, boa vontade. A alma delas é grande. Elas podem dar-se ao luxo de doar-se porque instintivamente sentem que tudo ficará bem no mundo delas; e em geral é verdade. Porque tudo que damos volta para nós, multiplicado.

Por conseguinte, o otimismo natural delas é constantemente justificado. Elas recebem de volta, em grande abundância, as qualidades que personificam e irradiam. Em decorrência disso, elas fazem do mundo um lugar melhor e têm uma vida muito agradável. Elas são pessoas que "acontecem" e estão sempre indo a algum lugar.

Esforce-se para fazer o mesmo. Trabalhe para isso.

Fabrique sua sorte!

Capítulo 10

Grandes Expectativas

Você acredita no destino? Que seu futuro já está delineado? Que controle você realmente tem sobre sua vida? Seu destino está predeterminado por forças além de você? Seu carma o precede? Em outras palavras, o quanto de sua vida está em suas mãos? A resposta é: você decide. A escolha é realmente sua. Sua vida atual é moldada pelas decisões que você tomou no passado. Seu futuro e seu destino resultarão das decisões que você tomar agora. A qualidade dessas decisões é vital para sua felicidade, saúde, prosperidade e realização. Muita coisa está em jogo aqui. Meu interesse é influenciar suas decisões para garantir que você tenha a melhor vida possível e a chance de alcançar seu maior potencial.

Meu problema com relação a contar com forças externas para lhe proporcionar uma vida interessante é que elas estão fora de você, bem além de seu controle e influência. Você precisa aguardar e ter esperança, rezar e cruzar os dedos. Não me interprete mal. Acredito fortemente no poder da prece, da fé e de Deus (falarei mais sobre isso em outra ocasião). Eu apenas não me sinto à vontade ao esperar que outra pessoa faça todo o trabalho. O mais importante é que assumir a responsabilidade de ter a vida que você deseja significa avançar com energia e entusiasmo: sem esperar por nada nem ninguém. Você descobre a melhor maneira de seguir em frente, mudando de direção quando julgar conveniente, pensando rápido, trilhando seu caminho. O próprio ato de avançar na direção de seus sonhos e desejos torna a vida, de imediato, mais interessante.

Sejamos claros. Seja qual for sua interpretação da vida, Deus e do universo, torne-a poderosa. Garanta que você não está entregando sua responsabilidade a um poder maior. Pedir orientação é uma coisa. Deixar tudo por conta do destino ou da Divina Providência é outra. Reconheço que, às vezes, é difícil distinguir entre as duas coisas. Prefiro assumir a total responsabilidade por fazer tudo funcionar, pedindo e agradecendo qualquer ajuda, visível ou invisível, que vier em minha direção enquanto as coisas estiverem em andamento. Assim sendo, fique atento à sua interpretação. Se ela o deixa à mercê de forças externas, reflita novamente.

Sua vida é sua arte, sua criação que está em constante evolução. Você a projeta, momento por momento, com cada pensamento e as ações que se seguem. O que é realmente estranho a respeito de nós, seres humanos, é a necessidade de estarmos certos. Isso é definitivamente um erro de projeto. Quando achamos que estamos certos a respeito de uma coisa, seja ela qual for, fazemos o possível e o impossível para provar que estamos certos. Acho que o mais inteligente a fazer é escolher a coisa sobre a qual quer estar certo, porque a seguir, automaticamente, você estará a caminho de prová-lo. Assumimos posições, adotamos opiniões e depois nos agarramos a elas, as defendemos, até mesmo brigamos por elas até a morte. Escolha sobre o que você quer estar certo. Certifique-se de que sua posição o favorece, que vai conseguir o que você deseja. Dessa forma, se você está procurando um namorado ou marido magnífico e sua expectativa dominante a respeito dos homens é de que todos os que valem a pena são casados e o restante é desinteressante ou homossexual, você está em apuros. Você vai tropeçar em um homem fabuloso sentado, sozinho, no café de seu bairro. Ele não existe — em seu campo de expectativas e possibilidades. Seu radar simplesmente não está sintonizado com a freqüência dos homens maravilhosos. Desse modo, para conseguir o homem, a mulher ou a coisa que você quer, é preciso abrir-se à possibilidade de que eles efetivamente existem. Eu escrevia uma coluna para o *Daily Mail*, chamada "Mudança de Amor", em que examinava a história do relacionamento de uma leitora, detectava padrões derrotistas e colocava-a no caminho certo para conhecer o Príncipe Encantado. Nove entre dez daquelas encantadoras mulheres tinham desistido, resignadas ao próprio destino. Elas na verdade não acreditavam mais na existência de homens interessantes. As expectativas delas de conhecer um homem assim e viver felizes durante algum tempo eram nulas. Eu as confrontava com essa atitude e lhes perguntava por que continuavam a procurar, se estavam tão certas de que buscavam algo que não existia. Eu lembrava a elas que estávamos apenas procurando um único homem interessante, não um exército deles, apenas aquele especial, nesta vasta cidade. Pouco a pouco elas se abriam e elevavam as expectativas que tinham para dar espaço à possibilidade. Caso contrário, para que se dar ao trabalho? Outra saída à noite, outra desculpa para estarem certas e, uma vez mais, resignadas.

Suponha que, por um momento, a vida é uma grande profecia que se auto-realiza, que não existem surpresas. Em outras palavras, recebemos da vida o que *esperamos receber*. Isso significaria que somos nossos próprios profetas, que temos a capacidade de prever nosso futuro. Isso não seria magnífico? Pois acredito que é verdade. Creio que obtemos, em grande parte, o que esperamos obter. Essa afirmação pode parecer um pouco assustadora, porque significa que você é muito mais responsável por sua vida e por todo seu futuro do que talvez já tenha admitido. E também é incrivelmente estimulante. Se obtemos o que esperamos, então esperar mais, esperar o melhor, é vital. Se nossas expectativas influenciam os resultados, o melhor que temos a fazer é tomar providências para que elas sejam magníficas.

Quando eu tinha mais ou menos dez anos, compreendi que não esperava viver na Irlanda do Norte. Percebi que eu esperava viver em Londres. Eu via meu futuro estendendo-se à minha frente e não era em Belfast. Algumas pessoas poderiam dizer que era uma premonição; eu diria que era uma expectativa estimulante, tão irresistível que moldou a década seguinte de minha vida. Eu me sentia feliz ao trocar as discotecas e os encontros com rapazes por livros e boas notas, para poder viver a vida que eu esperava, além de Belfast. Para mim, a universidade foi meu passaporte para o resto do mundo. Nunca duvidei, nem mesmo por um segundo, de que minha expectativa seria realizada. Mas trabalhei deliberadamente para concretizá-la durante dez anos. Ela era excessivamente vital para que eu a deixasse a cargo do acaso, do destino ou de Deus.

Respeite suas expectativas. Ou melhor, compreenda que não importa quais sejam, por mais vagas ou veladas, elas moldam cada ato seu. Suas decisões e ações, toda sua vida, são governadas por forças invisíveis. Elas não estão do lado de fora e sim *dentro de você*.

Conversei com muitas pessoas a respeito de expectativas da infância. A correlação entre o que elas esperavam conseguir e o que obtiveram é impressionante. Observo, entre outras coisas, que havia geralmente um adulto importante que alimentava e confirmava as expectativas delas, por mais extravagantes que pudessem parecer na época.

Percy "Master P" Miller é o mais rico astro do *rap*. Seu império abrange músicas, filmes, moda e propriedades. O

intérprete de *rap*, corretor de imóveis, provedor de teleco-
municações, produtor, ator, agente esportivo e magnata
badalado de 31 anos de idade acumulou uma fortuna estimada em 250 milhões de dólares. A revista *Fortune* colocou-
o no ano passado em vigésimo lugar na lista das "Quarenta
Pessoas Mais Ricas com Menos de Quarenta", duas posições acima de outro intérprete de *rap*, Sean "Puff Daddy/P
Diddy" Combs, e bem acima de Tiger Woods (160 milhões
de dólares).

Quanto tinha cinco anos, sentado em uma sala de aula,
Miller teve o que descreve como uma premonição. Ele se
viu como um adulto rico e bem-sucedido. A sombria vizinhança de Miller em Nova Orleans é dominada pela vio-
lência e pelas drogas. O irmão mais novo dele, Kevin, foi
morto com um tiro ainda adolescente. Apesar do ambiente
violento em que vivia, Miller era um aluno esforçado. Aos
dezoito anos, ganhou uma bolsa para a Universidade de
Houston e estudou comunicação empresarial. Em 1990,
munido de um cheque de dez mil dólares, resultante da li-
quidação de um seguro depois da morte do avô, ele abriu
uma loja que vendia discos de *rap*, vídeos e roupas. Ele a
chamou de No Limit, um lema que ele adotara a partir do
exemplo dado por sua mãe.

"Minha mãe era uma inspiração", diz ele, "uma mulher
que criou cinco filhos e cuidou de nós, dando-nos o melhor
que tinha. Ela me ensinou que não é preciso haver limites".
Miller usa o início de sua vida para alimentar sua motivação. "Quando você não quer viver daquele jeito de novo,
tem de trabalhar muito, senão acaba voltando para lá."

O Pride of Britain Awards é um prêmio anual que ho-
menageia pessoas que praticaram atos extraordinários de
coragem e contribuição. Em 2002, Sandra Walton foi eleita
Professora do Ano, por ter transformado uma escola deca-
dente e a vida de inúmeras crianças que nela estudavam.

Em 1997, a Pineapple Junior Infants School era sinônimo de fracasso. O desempenho dos alunos era péssimo, a freqüência era baixa e a disposição de ânimo estava afundando rapidamente. No ano anterior, os testes de avaliação a classificaram como a terceira pior escola do país em desempenho. Hoje, tudo isso mudou, graças à liderança inspiradora de uma mulher. Em 2002, o governo a declarou uma das cem escolas que mais melhoraram no país. Sandra, aos 56 anos, estava bastante consciente da extensão da tarefa que estava empreendendo. Mas depois de conversar com os alunos e a comunidade, ela percebeu o enorme potencial da escola: "O principal objetivo era oferecer às crianças expectativas elevadas do que elas poderiam alcançar — que não havia nenhum limite para isso".

No ano passado, o árduo trabalho começou a dar frutos com a publicação dos resultados da avaliação da escola. Quando Sandra começou a lecionar na escola, a nota tinha sido 72 em 300 e no ano passado tinha subido para 216. Sandra Walton ensinou sozinha as crianças a acreditar em si mesmas, a esperar grandes coisas para si mesmas e de si mesmas. Ela ofereceu elevadas expectativas para elas. Elas seguiram a orientação dela e os resultados refletiram isso. Elas têm agora uma chance muito maior de ter uma vida gratificante, com escolhas e oportunidades.

Você pode fazer o mesmo por si mesmo. Você pode elevar sozinho, a qualquer momento que desejar, as expectativas que tem com relação a si mesmo. Nunca é tarde demais para ter grandes pensamentos. Todos conhecemos ou ouvimos falar em pessoas que obtiveram exatamente o que queriam da vida sem a vantagem de ter um adulto que lhes servisse de inspiração quando crianças. É apenas mais fácil quando acontece dessa maneira. Ter grandes pensamentos é um hábito, um hábito que adquirimos. Mesmo que você já tenha esse hábito, permaneça comigo. Você sempre pode melhorar. Se, como tantas outras pessoas, você não gosta de "ter mais esperanças", "esperar demais" para "não se decepcionar" ou se gosta de ser "realista", continue a ler este livro.

GRANDES EXPECTATIVAS

1. *Espere mais.*
Todos nós sabemos que elevar as aspirações e as expectativas das crianças é vital para o futuro sucesso e as realizações delas. O mesmo se aplica a você. Escreva agora: "Grandes expectativas que eu tenho a partir de hoje para mim e minha vida". Ponha imediatamente algo nessa lista. Mantenha-a em aberto e faça acréscimos durante o dia de hoje. É uma maneira fabulosa e rápida de abrir a mente a possibilidades emocionantes. Você se sentirá de imediato energizado pela perspectiva de que coisas grandiosas estão vindo em sua direção. Entenda o seguinte: mesmo que você não fizesse absolutamente nada prático para concretizar essas expectativas, o simples fato de escrevê-las coloca você no curso natural de recebê-las. Há pouco tempo Geri Halliwell deparou com uma lista de desejos que tinha escrito muitos anos antes, bem antes de Ginger Spice e da fama. Ela simplesmente anotou seus desejos. Um deles tinha sido ter George Michael como namorado, claro que antes de George ter revelado que é homossexual. Quando encontrou a lista, George era seu amigo mais íntimo. Sua lista revela o que você realmente gostaria que acontecesse. Ela não é feita para coisas tolas como passar de um metro e sessenta de altura para um metro e oitenta da noite para o dia, e sim para coisas que elevem seu espírito, mesmo que só esteja pensando a respeito delas, como dirigir pela estrada que contorna a costa do Pacífico, de Los Angeles a Big Sur, em um glorioso dia de verão, ouvindo um CD de Angie Stone. Vá em frente, o que você realmente quer?

2. *Espere o melhor.*

Se suas expectativas realmente influenciam seus resultados, é melhor que você preste atenção. A rotina de antever o melhor resultado possível precisa ser praticada todos os dias. É como escovar os dentes e vestir-se. Concentre-se no que você quer e não no que você não quer. Prenuncie o sucesso, o resultado positivo de tudo a que você estiver se dedicando nesse dia. Espere o melhor, todos os dias, um dia de cada vez.

3. *Faça substituições para melhor.*

As expectativas podem ser superadas. Elas precisam de um *upgrade* de vez em quando. Elas não duram para sempre; têm um tempo de vida limitado. Verifique a data de validade de suas expectativas para mantê-las frescas e vigorosas. Se você superou expectativas anteriores, e a vida parece pequena ou uma mesmice, você precisa fazer um *upgrade*. Em primeiro lugar, verifique aonde você chegou. Parabenize-se por seu progresso. Você teve um bom desempenho. Agora, que novas expectativas você gostaria de ter? Traga-as à tona. Escreva-as. Se elas forem bastante grandes, você se sentirá de imediato relaxado e energizado. Você conseguirá enxergar o caminho à frente. Faça com que seja favorável.

4. *Espere que as pessoas gostem de você.*

A vida é bem mais fácil e agradável se você presumir que os outros vão gostar de você. Você ficará mais relaxado, sorrirá mais, respirará com maior freqüência, seus ombros se encaixarão no lugar, você terá uma aparência mais radiante e cordial. Então, é claro, as pessoas terão uma reação diferenciada. Você se sentirá mais querido. Não confie apenas em minhas palavras. Experimente. Neste momento, escolha *esperar que gostem de você.* Onde quer que você esteja agora, pelo resto do dia, anteveja que todo mundo que você encontrar, no ônibus, no restaurante, em uma loja, lhe será receptivo, o achará atraente e gostará de você. Se você for realmente ousado, e estiver solteiro, espere ser considerado *sexy,* charmoso, maravilhoso, bonito etc. pelo sexo oposto. Tudo isso torna a vida um pouco mais interessante, e funciona.

5. *Refaça suas expectativas.*
É mais fácil avançar se você não estiver sendo retido por expectativas negativas. Elas existem, mas também é provável que sejam rejeições de outra pessoa, um lixo total, que não servem para ninguém e certamente não para você. Identifique-as agora. Comece uma lista: "Expectativas que eu tenho e que restringem a mim e minha vida". Mantenha essa investigação em aberto, aumentando a lista sempre que qualquer lixo vier à tona. É melhor que ele saia do que fique em sua psique, causando limitações imprevistas.

Permaneça atento a suas expectativas. Entenda que são elas que o impulsionam. Verifique para onde elas o estão levando. Seja rigoroso, insista no melhor. Faça com que sejam:

Grandes expectativas!

Capítulo 11

Seja Verdadeiro

Nos anos 80, eu adorava Sondra Ray, a especialista em relacionamentos. Eu ia a todos os lugares onde ela se apresentava. Eu me sentava na primeira fila do centro no treinamento "Relacionamentos Amorosos", em Londres, no Harmonic Convergence, em Glastonbury, e quase fui ao Havaí para assistir ao seminário Renascimento e Imortalidade do Corpo. Seus livros *Eu Mereço Amor*, *Relacionamentos Amorosos* e *Viva para Sempre* eram meus livros de cabeceira. Eu amava tudo a respeito dela e o que ela ensinava. Eu adorava o brilho nova-iorquino, a voz, os saltos altíssimos, os brincos, o "Permatan[1]", o glorioso *glamour* e o requinte dessa mulher fabulosa.

Mas o que eu amava acima de tudo, e o verdadeiro motivo que me levava a segui-la, era o fato de ela ser a mulher mais liberada que eu já tinha conhecido. Ela abria a boca e dizia a verdade, a verdade dela, com total convicção, transparência e descontração. Inseguranças incômodas não eram enfatizadas. Dúvidas triviais não a afligiam. Ela não se preocupava com o que a audiência poderia estar pensando dela. Ela era apenas a pura e genuína Sondra Ray e suas idéias genuínas sobre auto-ajuda, perda de peso, como conseguir um namorado ou uma namorada, ganhar dinheiro,

---

1 Creme que dá à pele uma tonalidade mais escura. (N. da T.)

perdoar nossos pais e todas as outras pessoas, viver para sempre. O simples fato de estar perto dessa mulher extremamente controlada, autoconfiante e que não fazia concessões era a verdadeira lição para mim. A presença dela por si só me inspirava. Modelei meu comportamento pelo dela no momento em que pus meus olhos nela, antes de ela ter pronunciado uma única palavra. Ela era impregnada pelo poder pessoal e pela elegância. Ela transpirava descontração e bem-estar, e tinha total autodomínio. Ela era corajosa. Ela tinha uma *opinião favorável a respeito de si mesma*. Ela não precisava que a audiência ou outra pessoa concordasse com ela, pensasse bem dela ou a admirasse. Ela não procurava sondar a audiência para conseguir apoio antes de declarar sua posição. Ela já tinha a aprovação, o respeito e o apoio da pessoa mais importante do local: *ela mesma*.

Eu adorava o jeito como ela era sempre a mesma Sondra Ray. Em agosto de 1987, milhares de pessoas se reuniram em Glastonbury, capital espiritual do Reino Unido, para a Harmonic Convergence, um evento que imaginávamos iria anunciar uma ordem de paz e cooperação em um Novo Mundo. Sondra dividiu o palco com gurus da Nova Era, acadêmicos desinteressantes e hippies profissionais. Por acaso ela mudou para se adaptar a eles? De jeito nenhum. Sondra era Sondra, transbordando de *glamour yuppie*. Impecavelmente vestida, do cabelo cuidadosamente penteado aos reluzentes sapatos Salvatore Ferragamo, ela exalava puro estilo, ela possuía uma verdadeira substância. Aprendi com Sondra a importância de ter uma opinião favorável de mim mesma, embora ela nunca tenha ensinado isso diretamente. Aprendi o valor de dizer a verdade, de falar o que eu pensava sem hesitar ou ter medo da reação que enfrentaria. Aprendi a não me importar da melhor maneira possível.

É isso que eu desejo a você. Quero que você seja uma pessoa liberada como Sondra. Quero que você saiba que ser autêntico consigo mesmo é a verdade real, seja qual for. Esqueça a idéia de ser popular. A popularidade chega quando você não está procurando por ela. Desista de procurar respeito, admiração e aprovação. Você está procurando no lugar errado. As coisas aparecem quando você não *precisa* mais delas. Você quer ser admirado? Admire a si mesmo. Respeitado? Respeite a si mesmo. Aprovado? Vá em frente! Faça isso! Aprove a si mesmo. O que você está esperando? A permissão para pensar por você mesmo poderia levar a vida inteira e nunca chegar. É bem melhor gerar os próprios fatores para se sentir bem. É muito, muito melhor ter uma boa aparência a seus próprios olhos do que passar a vida inteira tentando impressionar os outros. O engraçado é que tão logo você realmente supere isso, passa a receber uma grande quantidade de respeito, aprovação e admiração. As pessoas farão fila para dar tudo isso a você, exatamente quando você não precisa mais. Essa é a ironia. Quando você realmente cresce e se torna um adulto maduro que pensa por si mesmo, você se destaca. Você tem presença. Você passa a ter um quê indefinível e claramente diferente. Você dá a impressão de saber coisas que os outros não sabem. Você cultivou o discernimento e a sabedoria. Você tem profundidade. Você não é mais uma pessoa comum.

Você não quer isso? Você não aprecia a probabilidade dessa liberdade? Claro que sim. Veja a sua volta as personalidades que você mais admira. Aposto como elas são como Sondra, pessoas que dizem a verdade. Neste exato momento um debate se propaga no Reino Unido a respeito da verdade, do que é real e do que é manipulação da verdade. Esta última envolve sondar grupos previamente escolhidos para avaliar quais as políticas mais populares e depois dizer as "verdades" que queremos ouvir. No entanto, o governo, em sua ansiedade e obsessão por ser popular, está se transformando em impopular. Ficar em cima do muro não impressiona ninguém.

Hoje existe um enorme desejo de que as personalidades públicas digam a verdade sem ter avaliado primeiro a popularidade do que vão dizer. Certamente não é coincidência o fato de uma das séries mais populares tanto nos Estados Unidos quanto no Reino Unido ser *The West Ring*, considerada pelos críticos "provavelmente a melhor série já produzida até hoje". O programa é encenado na ala oeste da Casa Branca, de onde o principal personagem, o presidente Josiah Bartlet (Martin Sheen), dirige a nação mais poderosa do planeta. É pelo presidente Bartlet que na verdade assistimos ao programa. Ele transpira um carisma que encobre sua sagacidade, sua profunda convicção e dedicação ao que ele acredita ser correto para o país, apesar das exigências de numerosos grupos de interesses especiais. Ele sistematicamente não dá atenção aos conselhos de seu secretário de imprensa e profere um discurso diferente do que fora preparado. No entanto, sua equipe tem uma profunda dedicação por ele porque o vê como "verdadeiro". Sua convicção fundamental é fazer a coisa certa e dizer o que precisa ser dito, independentemente de como isso possa afetar a campanha de reeleição. Não é trágico que Martin Sheen interprete um político que admiramos apenas por ser honesto? E menos de 42 por cento da população no Reino Unido deu-se ao trabalho de votar na última eleição.

Então, sobre o que estamos realmente falando aqui? Em última análise, estamos dizendo que *sua opinião* sobre si mesmo é a que conta. É simples assim. Você está agindo sob sua própria influência ou a de outra pessoa. Você dança sua música ou a de outra pessoa. Seu projeto de vida foi criado por você ou por outra pessoa. Isso está além de você gostar de si mesmo, embora seja uma parte vital do processo. Diz respeito a você apoiar a si mesmo. Agir de acordo com suas palavras. Enfrentar a realidade a respeito de si mesmo e de sua vida. Tudo que estou dizendo significa eliminar o desespero de uma vez por todas. Não ser mais carente/neurótico, pois nada disso é atraente, apesar do que tenham lhe ensinado.

Para que suas opiniões tenham importância, comece pela decisão de que é assim que as coisas vão ser daqui em diante. Trata-se de uma nova regra em seu manual pessoal. Agora você precisa observá-la, lembrar a si mesmo que deve mantê-la. Todas as vezes que você sentir que está voltando a precisar da aprovação, do respeito ou da estima de alguém, recue. Assuma o controle de si mesmo. Lembre-se de que não precisa mais fazer isso, porque você se aprova e respeita e gosta de si mesmo. É uma escolha dinâmica com efeitos de longo alcance. Isso não significa que você vai se transformar em um monstro que nunca desafia a si mesmo, nem muda de idéia. Significa que você pensa de um modo *independente*. Significa que você tira as próprias conclusões e não tem medo de torná-las públicas; que, ao receber críticas, porque isso acontece, você as enfrenta. Você lida com elas de cabeça erguida e decide quais são justificadas e se existem argumentos convincentes que exijam uma resposta. Se for este o caso, aja com firmeza para corrigir a situação e depois vá em frente, sem se torturar ou atormentar. No entanto, se depois de refletir, você chegar à conclusão de que não existem argumentos válidos, defenda-se de acordo com a situação, até de modo vigoroso. Se a situação não estiver clara, é preciso usar o discernimento, o seu. Acostume-se a ser solidário consigo mesmo. Com a prática, essa atitude se torna cada vez mais fácil.

A serenidade e a força interiores dependem de uma autoconfiança saudável. Esta lhe confere definição, uma aparência viva, penetrante e imperturbável. A autoconfiança é o que realmente marca uma relação bem-sucedida. E o relacionamento mais importante de todos é o que você tem consigo mesmo, pois é contínuo, nunca termina. Você está consigo mesmo o tempo todo; só precisa ser capaz de confiar em si mesmo, recorrer a si mesmo, saber que pode contar com você, compartilhar consigo mesmo os bons e os maus momentos. Fazer um intenso auto-exame e pedir ajuda a *si mesmo* para se acalmar e recuperar o controle tornarão mais profundo seu relacionamento consigo mesmo. Essa é a oportunidade de apoiar-se em si mesmo e resolver sozinho seus problemas. Os desafios desenvolvem músculos psicológicos. As dificuldades o põem à prova, e você seria sem graça se não as tivesse. É aí que você encontra sua profundidade. Flexione esses músculos para se tornar forte, confiante e flexível. Você sentirá menos medo porque terá aprendido a lidar consigo mesmo e com a vida. Você provou a si mesmo que tem valor. Mesmo que só *você* saiba disso, você o demonstrará. Você é mais profundo do que aparenta. Seu comportamento será diferente; você dará a impressão de que sabe das coisas e que leva uma vida interessante e será intrigante. Isso se chama carisma.

Não estou dizendo para você deixar de compartilhar problemas e dilemas com amigos de sua confiança. Há um momento para isso. Mas quase todos nós vamos rápido para o telefone. Nosso reflexo é procurar ajuda do lado de fora em vez de recorrer à introspecção. Garanto que você já tem todas as respostas de que precisa, só precisa perguntar a si mesmo e receberá todas as informações de que necessita. Os relacionamentos íntimos se tornarão mais fáceis e divertidos. Não existe nada mais desagradável do que um parceiro carente e pegajoso. Um companheiro que se sente perfeitamente à vontade sem você é bem mais desejável. Essa pessoa está com você porque quer estar, porque você é muito especial. Você contribui com seu valor, com as características particulares. Querer que outra pessoa faça você se sentir bem, importante e digno de ser amado é problemático. Não se deixe seduzir por músicas do tipo "Não sou nada sem você". Os melhores relacionamentos funcionam quando você não está em busca de uma segurança total e irrestrita.

Aprovar a si mesmo significa que você não precisa se esforçar desesperadamente para que as pessoas gostem de você. Você se sente realmente bem consigo mesmo. É inteligente o bastante para saber que nem todo mundo vai gostar de você, nem *precisa* de que todas gostem porque já faz isso para si mesmo. Os elogios externos são encantadores, mas são supérfluos; e você não pode contar com eles para seu sustento regular nem vai crescer apoiado apenas neles. As lisonjas são altamente viciadoras. Tão logo o êxtase acabe, você precisará de outra dose para sentir-se bem de novo. Não é uma maneira sensata de viver, o verdadeiro alimento tem de vir de você. Você se nutre com cada pensamento que tem, com cada palavra que pronuncia para si mesmo e a seu respeito. Certifique-se de que eles são de boa qualidade, caso contrário você enfraquece. Você tem necessidades que nenhuma lisonja pode atender, vazios que palavras doces de namorados e amigos são incapazes de preencher. A solução é você mesmo fechar essas lacunas, feridas e buracos. Faça isso com seus pensamentos, palavras, decisões e ações. Esteja certo de que somente você pode fazê-lo. Buscar esses elementos do lado de fora não funciona, a única maneira de obter esses recursos importantes e adultos é gerando-os dentro de você. O processo é totalmente interno, mas se reflete no exterior.

SEJA VERDADEIRO

1. *Inspire-se em alguém.*
Você precisa de uma Sondra em sua vida. Você tem de ver pessoas de carne e osso em ação. Descubra uma delas e apro-

veite todas as oportunidades de estar perto dela. Não é preciso que ela o oriente pessoalmente. A presença dela será suficiente. Escolha uma pessoa na vida pública. No Reino Unido, pense em: Germaine Greer, Tony Benn, Margaret Thatcher, a maioria dos "antigos" políticos do Partido Trabalhista, príncipe Charles. Nos Estados Unidos: Colin Powell, Oprah Winfrey, Martin Sheen; na tela e fora dela, Steven Spielberg, Shirley MacLaine, Ellen Degeneres, Madonna, Whoopi Goldberg, Muhammad Ali.

2. *Apresente um desafio a si mesmo.*
Você precisa fazer isso para valer, caso contrário não dará certo. Ofereça a si mesmo oportunidades de praticar a aprovação de si mesmo, a autoconfiança e o auto-respeito. Como é "gostar de si mesmo?". Dispense alguns minutos preenchendo três listas distintas: "Como seria minha vida se eu aprovasse/respeitasse/estimasse mais a mim mesmo". A seguir, introduza conscientemente essas mudanças. Você não tem nada a perder e muito a ganhar.

3. *Não discuta.*
Quando você passa a depender menos dos outros, eles o controlam menos. Você não precisa que eles concordem com você, não precisa conquistá-los. Você não sente necessidade de estar certo; não precisa mostrar que é esperto, não tem nada a provar. Defender tranqüilamente sua posição é uma coisa, discutir calorosamente é outra bem distinta. A diferença reside na carga emocional, que está fortemente presente na discussão acalorada e é quase inexistente na defesa tranqüila. Os debates raramente mudam alguma coisa, pois os oponentes teimam em manter sua posição. A maioria das pessoas tem necessidade de ter razão, e algumas adoram discutir. É maneira que elas encontram de demonstrar que têm valor, especialmente diante de uma platéia. Você não precisa disso!

4. *Contenha-se.*

Resista à vontade de ir para o telefone. O problema compartilhado se reduz à metade? Essa afirmação não é necessariamente verdadeira. Nunca, jamais, peça ou ofereça um conselho. Conselho é o que as pessoas fariam se fossem *você*, mas elas não são. O que elas estão realmente dizendo é o que *elas* fariam na situação. Isso é irrelevante. Estamos falando sobre você: sua situação, seus sentimentos, sua decisão. Apenas você viverá com as conseqüências de suas ações. Tenha uma conversa consigo mesmo antes de se abrir com alguém. No final, talvez você não precise telefonar para ninguém. Pense na economia que vai fazer!

5. *Desfrute sua companhia.*

Você não pode ser autoconfiante se não apreciar a própria companhia. Você é capaz de proporcionar a si mesmo um bom divertimento? Você sabe o que é se divertir ou para isso você precisa de companhia? Quando foi a última vez que você se levou para almoçar, assistir a um filme, ir ao teatro, passar um dia no campo ou passou a tarde de sábado na cama lendo um bom livro? Isso não é triste. É fabuloso. É legal. Martha Gellhorn, uma das melhores repórteres de guerra do século XX e ex-mulher de Ernest Hemingway, disse: "Não existe prazer maior na vida do que ficar na cama, lendo e comendo um sanduíche de manteiga de amendoim". Deleite-se com sua excelente companhia. Vá em frente, encha-se de mimos! E tenha muito discernimento com relação às pessoas com quem você se abre. Você pode se dar ao luxo de ser exigente.

Seja verdadeiro!

Capítulo 12

Mais Poder para Você

Chego logo à conclusão de que nós, seres humanos, somos muito semelhantes. Acredito que temos em grande parte os mesmos desejos. Acho que, no fundo, todos desejamos ser poderosos. O poder é uma coisa engraçada. Ele pode fazer as coisas mais terríveis com as pessoas ou elas fazem as coisas mais horríveis com ele. Trata-se definitivamente de algo muito poderoso. Os anarquistas dizem que "o poder corrompe e o poder absoluto corrompe absolutamente". Eu deveria saber, porque estive entre eles! Naquele tempo eu estava rodeada por pessoas que desdenhavam o dinheiro, a sociedade e o *status*. Em outras palavras, o poder. Ao refletir sobre o assunto, você poderia dizer que elas não se julgavam capazes de lidar com ele, de modo que evitavam completamente aquele equívoco, optando por um estilo de vida diferente e alternativo. Não há nada errado com essa atitude, mas eu preferi cair fora, voltar ao mundo maior, convencional, e correr o risco. E agora estou aqui prestes a recomendar que você seja mais poderoso. A vida não é magnífica?

É exatamente isso que faço com as pessoas e empresas para as quais trabalho. Esforço-me para transformá-las em uma versão maior, melhor e mais poderosa de si mesmas. Faço com que meus novos clientes tenham certeza de que são pessoas a quem desejo fortalecer, que tenham mais poder dentro de si mesmos e no mundo. É uma grande responsabilidade. O mundo não vai me agradecer por tornar seus monstros mais dinâmicos e eficazes. Não existe nenhuma dúvida de que faço algo, que dividirei com você aqui, que dá certo. Funciona para tornar as pessoas "grandes", muito mais poderosas, o que é magnífico quando elas são uma verdadeira força do bem no mundo. Instigo essas pessoas a ser poderosas e a abandonar a insegurança lembrando-as de que sua posição e o fato de estarem em evidência têm um imenso valor. Quanto maior o desafio, maior a oportunidade que elas têm de passar adiante sua mensagem, de fazer sua contribuição. Vale sempre a pena lembrar que, se as pessoas boas entre nós não assumirem posições de poder, outras menos escrupulosas certamente o farão.

Você precisa sentir-se a seu respeito da mesma maneira que faço meus clientes se sentirem para poder perceber todo seu poder. Você tem de se sentir estimulado a avançar, precisa obrigar-se a galgar as alturas que se apresentam diante de você. Você necessita de uma boa dose de auto-estima para sentir-se tranqüilo e à vontade com a idéia de ser poderoso. Caso contrário, acredite, você vai atrapalhar seu avanço, exatamente porque, como sabemos, o poder é poderoso. Assim, se você se sentir ambivalente, ainda que pouco, com relação a si mesmo, vai relutar em ser "mais", em ser maior do que é agora. Dê uma olhada nos capítulos "Liberte-se" e "Seja uma Boa Pessoa", se julgar necessário. O poder também é um pouco malvisto. É mais fácil pensar em exemplos desastrosos do poder ligado à riqueza, à fama e ao sucesso do que em situações positivas.

Todos sabemos que uma onda repentina de poder pode subir à cabeça e desequilibrar a pessoa. Há pouco tempo presenciei uma pessoa encantadora transformar-se em um monstro por causa de um enorme surto de poder. Acontece que ele ganhou muito dinheiro em poucos meses e, aos 27 anos, não era estável o suficiente para lidar com a situação.

Os pés dele não estavam suficientemente plantados no chão e o maciço solavanco de poder o tirou do eixo. Ele provavelmente se recuperará daqui a alguns anos. Existem inúmeros astros e estrelas do cinema e da televisão e milionários da internet que desaparecem e perdem tudo que conquistaram cedo e rápido. Nada disso é motivo ou desculpa para você se esquivar do desafio de trazer à tona seu poder total.

Permitir-se ser poderoso é um desafio. O impulso, a ambição e o desejo de realização trouxeram até nós nossas maiores conquistas e invenções. O carro que você dirige, a casa onde você mora e o avião ou navio que o levará a seu destino nas férias são resultado do impulso e do poder de uma pessoa. Foi isso que levou o homem à Lua; sem ele, ainda estaríamos andando por aí em uma carroça puxada a cavalo. Onde estaríamos sem o ímpeto de Buda, Jesus, Maomé, Martin Luther King, Nelson Mandela, Emily Pankhurst e de centenas de heróis e heroínas menos conhecidos cuja contribuição tornou nossa vida melhor e até mesmo possível?

Insisto em que você aceite este desafio. Decida agora ir em frente, a fazer-se o favor de ser poderoso. Não estou querendo dizer que você deva levantar os ombros, andar empertigado e fazer os outros a seu redor se sentirem pequenos para que se sinta importante, embora as pessoas ainda se comportem dessa maneira. Não é esse o verdadeiro poder. Não é seu jeito de ser. O verdadeiro poder não repousa em seus ombros; não é rude, barulhento nem tenso. O verdadeiro poder é interior. Ele reside em suas profundezas, é parte inextricável de você, urdida no tecido de sua pessoa. Você não o veste; ele não é feito para ser exibido. Ele está debaixo de sua pele. Vai aonde você vai, e você nunca sai de casa sem ele.

Na verdade, estou dizendo que você deve crescer e entrar em si mesmo. Como todo mundo, você chegou ao mundo com seu pequeno saco de talentos. Você é ouro puro, potencial puro. A maneira como você usa esse ouro é como utiliza seu potencial. As pessoas verdadeiramente poderosas usam muito bem a si mesmas; elas gastam o ouro delas, o aproveitam ao máximo. Elas não o mantêm oculto de olhos que espreitam. Ele está do lado de fora. Elas também estão, vivendo no limite do potencial delas, acionando cada cilindro que receberam. E você? Você está sendo a melhor versão possível de si mesmo? Você se acomodou a algo insignificante porque é fácil, seguro e está disponível? Você está se vendendo por pouco? Suponhamos que você ainda tenha de crescer cerca de 30 por cento, que existe potencial e poder adormecido dentro de você. Pergunte neste momento a si mesmo como passaria a ser. O que mudaria em sua vida, em você, se você fosse 30 por cento mais poderoso? Não dificulte as coisas. É simples. Pense em cinco diferenças profundas e voltaremos a elas mais tarde.

Antes de tratar do plano prático destinado a torná-lo mais poderoso, quero ter certeza de que você sabe o que faria com esse poder adicional, qual seria o objetivo dele. É bem mais fácil se você tiver uma razão clara para avançar rapidamente. O procedimento precisa conter um propósito. O poder se perde um pouco sem uma boa causa, precisa ter um ponto de convergência e um canal bem claro. Quase todas as empresas hoje em dia declaram sua missão, descrevendo sucintamente o que a companhia representa, ou seja, seu propósito. Essa simples declaração fornece um rápido ponto de referência que permite que as pessoas verifiquem se uma ação é adequada, se ela é "congruente". A vida é mais direta quando temos um sentimento de propósito pessoal, pois insere a vida em um contexto, confere a ela um maior significado, um ponto de convergência mais nítido, uma sensação de urgência. Os mestres espirituais enfatizam a importância de identificar esse propósito e manifestá-lo no mundo. Caroline Myss, autora do *best-seller* *Anatomy of the Spirit*, menciona o fato de termos um contrato sagrado. Ela argumenta que, antes de nascer, nós "firmamos um contrato" com guias celestes, comprometendo-nos a tornar-nos veículos para o poder divino e a mudança evolucionária. Seja qual for sua interpretação do que ela diz, será imensamente estimulante decidir que você está aqui por uma razão, ver-se com um importante papel a desempenhar, trazendo à tona seu potencial e ao mesmo tempo contribuindo para a vida como um todo. O bom é que conferir uma característica divina a seu propósito não implica uma viagem a um *ashram* ou uma semana em um retiro espiritual, embora ambos representem ótimas oportunidades. A melhor indicação de onde está seu propósito são suas qualidades e talentos, bem como o que você adora fazer. Como disse o poeta místico Rumi: "Todos foram chamados a executar uma tarefa específica e o desejo de realizá-la foi colocado no coração de cada um".

Responda a cada uma das perguntas abaixo com dez palavras ou uma afirmação breve:

1. O que você mais quer na vida?
2. O que você quer ver acontecer no mundo?
3. O que o torna especial?
4. As coisas que eu faço/sou capaz de fazer neste momento.

Escreva agora a seguinte declaração: *"Eu farei . . .* (escolha uma resposta do item 4), *usando meu...* (resposta do item 3), *para realizar...* (resposta do item 2), *e ao fazer isso realizarei ...* (resposta do item 1)".

Isso realmente funciona. Revela sem esforço o que é realmente importante para você. De agora em diante, mantenha sua vida neste contexto. Quanto mais em sintonia você estiver com seus desejos mais elevados, mais poder você atrairá e expressará. Sua motivação é da ordem mais elevada. Você se impele a ser seu eu mais poderoso, dinâmico e eficaz, e isso é ouro puro.

MAIS PODER

1. *Entenda a si mesmo.*

Você "capta" quem é? Você entende que é realmente magnífico? Assim que você compreender isso, você tornará de imediato maior, mais alto, mais brilhante, mais pleno de si mesmo. Elabore a seguinte lista: "Razões para me sentir imensamente orgulhoso de mim". Anote imediatamente três coisas que lhe venham à cabeça. Essa lista lhe diz como você já é brilhante, realizado, inteligente, em última análise, completamente magnífico. A não ser que você admire seu mérito e valor dessa maneira, não poderá usá-lo ou fazer com que trabalhe para você. É como se você tivesse acumulado essas riquezas sem fazê-las aumentar ou mesmo comprar algo de útil. Impressione a si mesmo. Dê uma arrancada de crescimento em menos de cinco minutos. É fácil perder a si mesmo de vista em uma programação muito ativa, mas a chave de mais poder é admirar seu valor. Quero que essa lista seja tão boa, tão completa, tão premente, que você fique cheio de orgulho ao ser desnudado. Encha-se de respeito e aumente sua auto-estima. Concentre-se nessa lista todas as noites durante uma semana. Aumente dia após dia sua envergadura. Adquira o hábito regular de admirar a si mesmo. Não se trata de permissividade, mas de uma maneira de olhar para si mesmo que lhe permita acessar sua base de poder pessoal. Quanto mais forte você é interiormente, mais essa força se revela externamente. Você passa a transpirar poder e auto-domínio. Você é uma pessoa fabulosa. Procure "captar" quem você é.

2. Seja uma pessoa discreta.
Guarde mais coisas sobre você para si mesmo. As pessoas poderosas falam menos. Elas não se empolgam; não tentam chamar atenção. Elas não precisam ficar na berlinda nas festas. Elas têm plena consciência da própria posição e *status*. Elas não anseiam por namoradas ou namorados famosos ou que sejam símbolos sexuais. Não tentam impressionar, e é exatamente isso que as torna tão incríveis, enigmáticas e, certamente, poderosas. Nunca desnude sua alma. Resista ao impulso de revelar muito de si mesmo, porque isso o deixará com a sensação de que vendeu algo que deveria ter conservado. Você não está vendendo nada, você não tem preço. Mantenha as coisas dessa maneira.

3. Não brigue.
Não é digno. Não é algo que as pessoas sofisticadas façam. Vencer é bem mais inteligente. Discutir, ficar aborrecido, entrar em conflito é fazer drama. As rainhas do drama passam a vida inteira fazendo isso; é um trabalho de tempo integral. As pessoas poderosas têm programações mais amplas. Elas respeitam a própria energia e se protegem do desperdício. Elas se mantêm a distância do drama. Você precisa ter uma reserva de energia para as ocasiões em que vale a pena oferecer resistência, assumir uma posição. A questão é vencer. Diga o que você quer com graça e charme. As pessoas não se importam em ser persuadidas; o que as desagrada é ser derrotadas. Às vezes você vence ao se afastar, ou mesmo quando foge. Seguir em frente pode ser a coisa poderosa a ser feita, pois o poder em qualquer negociação pertence ao que está preparado para prosseguir. Resista a se desesperar com qualquer coisa. Prepare-se mentalmente de antemão, tenha certeza de que pode viver sem essa coisa, pessoa ou seja lá o que for. Você pode! Você é bem mais poderoso do que imagina.

4. Seja uma pessoa VIP.
Você é importante? Você decide. Aja como se fosse. Não dê atenção às pessoas que "tomam" seu poder, "subjugam" você

e fazem você "se sentir insignificante". Isso é absurdo. As pessoas só podem ter seu poder se você o entregar a elas. Observe-se nas situações cotidianas. Por que ficar no recinto de um restaurante da moda, esperando uma mesa, à mercê de um *maître* exasperado? Você está alimentando a vaidade dele enquanto agoniza no bar. Como fui um desses *maîtres* arrogantes há alguns anos, nunca espero hoje em dia por uma mesa. Você sempre pode ir a outro lugar que fique feliz com sua presença. Não se deixe convencer por essa moda exclusiva do que "está na onda". Ficar em filas, ansiar por alguma coisa e esperar é ruim para o espírito, diminui a pessoa. Ande algumas quadras e vá a um restaurante que esteja feliz por recebê-lo. Observe-se. Tenha critérios próprios.

5. *Leve-se a sério.*

Não se diminua nem denigra sua imagem. Não se permita ser alvo de chacota ou menosprezado. Seja leve, mas leve-se a sério. Se você é o vice-presidente da empresa, seja *você* a última pessoa a chegar à reunião. Não deixe que o façam esperar, não convém para sua posição. Seu papel é enaltecido quando você o leva a sério. Comporte-se como um vice-presidente, ou de acordo com as exigências de sua função. Seja poderoso. É uma questão de escolha, e você sabe qual é a diferença. Examine a lista que mencionei antes, as cinco profundas diferenças que se realizariam se você fosse 30 por cento mais poderoso. Só de brincadeira, quais as diferenças que seriam geradas com 50 por cento a mais? É interessante. Agora decida o que vai mudar. Se eu o observasse no decorrer da próxima semana, como eu saberia que você está atuando de uma maneira mais poderosa? Seja muito claro, porque a única pessoa que está em seu caminho é... você mesmo. Você precisa observar-se!

E, finalmente, deixo você entregue ao presidente Nelson Mandela e seu discurso de posse:

"Perguntamos a nós mesmos: 'Quem sou eu para ser brilhante, magnífico, talentoso e fabuloso?'. Na verdade, quem é você para não ser assim? Você é um filho de Deus. Seu menosprezo sobre si mesmo não é vantajoso para o mundo. Não há nada instrutivo em se encolher para que outras pessoas ao redor não se sintam inseguras. Fomos todos destinados a brilhar como as crianças. Nascemos para manifestar a glória de Deus que existe dentro de nós. Não apenas em alguns de nós e sim em todos nós. E quando deixamos nossa luz brilhar, inconscientemente damos às outras pessoas permissão para que façam o mesmo. Quando nos libertamos do medo, nossa presença automaticamente liberta os outros."

Mais poder para você!

Capítulo 13

Tudo Depende de Você

A vida é fácil ou difícil, depende de como você a faz. Pense nisso. Quem não conhece alguém que não deveria ser feliz como é, mas é. Por que algumas pessoas são tão alegres e despreocupadas quando não são magras, ricas, não têm um casamento maravilhoso ou uma herança para receber, todas as coisas, enfim, que supostamente nos fazem sorrir? Como isso é possível? O que está acontecendo? O mundo interior e o mundo exterior delas parecem estar em conflito. E por que algumas pessoas com todos os tipos de vantagens materiais fazem tempestade em copo d'água em todas as situações da vida? Elas podem ser francamente infelizes. Tudo é uma questão de atitude, mas é algo mais complexo do que simples pensamento positivo. *Essas pessoas infelizes são* mais complexas, e complicam as coisas.

Caroline procurou-me para resolver o que faria a seguir na vida. Ela era linda, magra por natureza, agradavelmente extravagante, tinha dois filhos pequenos e maravilhosos, e uma casa encantadora. Estou certa de que você entende o que estou dizendo! No entanto, ela era infeliz e complexa. Seu mais ardente desejo era escrever romances. Era uma vontade totalmente cabível, pois seus pais eram escritores bem-sucedidos, e ela já havia trabalhado em jornalismo. "Não poderia ser mais simples. Crie um roteiro, contrate-me para mantê-la no caminho certo e lá vai você!" Bem, funciona para todas as outras pessoas, menos para ela. Caroline apresentou as razões mais estranhas por que não conseguia avançar com entusiasmo e colocar as palavras no papel. Eis um exemplo: seus pais eram tão bem-sucedidos que ela se sentia obscurecida por eles; talvez não fosse realmente talentosa; talvez devesse fazer outra coisa; talvez aquele não fosse o momento certo. Acima de tudo, ela chegou à conclusão de que o conforto que desfrutava na vida negava a ela o desejo ardente que efetivamente a faria produzir o romance. Ela imaginava que, se tivesse sido mãe solteira e sobrevivesse com um seguro-desemprego, estaria em uma situação melhor para escrever, porque teria uma verdadeira motivação. Lembrei-lhe que muitas pessoas não usavam aquela situação como estímulo, sentindo-se bastante satisfeitas com o pacote de benefícios ou, ao contrário, completamente desmoralizadas. É bastante complexo transformar tudo que temos na vida em uma desvantagem. Sem dúvida é pesado.

Às vezes é mais difícil identificar o que está acontecendo com uma pessoa. Na teoria, tudo parecia bom na vida de Vicky. Ela tinha 34 anos, uma ótima vida na Suíça, um marido amoroso e três filhas encantadoras. No entanto, ela era muito ressentida! Quando a conheci, minha primeira impressão foi de que ela transpirava ressentimento e estava seriamente sufocada. Sua atitude deixava isso bem claro. Eis o motivo: sua queixa era de que sentia que passara pela vida e perdera a oportunidade de se lançar em uma carreira de peso. Ela abandonara cedo o colégio, tirara boas notas na escola noturna e formara-se em administração mais tarde do que a maioria das pessoas. Ela teve a seguir as três filhas, uma atrás da outra, e corria o perigo de voltar contra elas sua frustração e seu ressentimento.

Vicky achava que seu problema era o fato de ter tido um mau começo. Ela culpava os pais; aos 34 anos, ela ainda acreditava que tudo era culpa deles. Não ria. Isso é tão comum, que é difícil encontrar alguém que não culpe os pais por alguma coisa. Recebi há pouco tempo um e-mail de um senhor idoso que dizia que a influência do pai o reprimia havia mais de cinqüenta anos, sendo que o pai já estava morto havia mais de vinte. Para Vicky, seus pais poderiam tê-la estimulado muito mais e se interessado mais por sua vida escolar. Não haveria nenhuma evolução extraordinária na vida de Vicky, enquanto não retirasse a culpa dos pais. Ela os responsabilizava especialmente pelo fato de ter começado tarde a vida profissional, que na verdade nunca tinha deslanchado. Dessa forma, enquanto sua carreira definhava, ela podia fazê-los sofrer, embora eu não esteja certa de que eles tenham realmente entendido a mensagem dela. Mas *ela* decididamente ficava imensamente satisfeita ao mostrar-lhes o grande fracasso que *eles* eram como pais.

Aliás, colocar a culpa neles fazia com que ela parasse de *se* criticar. Ela poderia ter sido, no mínimo, fabulosa. Não fosse por culpa deles, hoje ela poderia ter sido um enorme sucesso. A responsabilidade pessoal não a deixava muito ansiosa. Por sorte, Vicky estava suficientemente farta de sua situação e permitiu que eu a ajudasse a sair do atoleiro daquela primeira sessão. Ela resolveu orgulhar-se mais da aparência, vestir-se de uma maneira mais vistosa e assumir a total responsabilidade por seguir a carreira de seus sonhos. O engraçado é a carreira de seus sonhos que não tinha nada a ver com a área financeira, em que trabalhara no início. Ela admitiu que sonhava em trabalhar na televisão.

A culpa, a amargura e o ressentimento têm tristes conseqüências. Elas não fazem apenas você ter uma úlcera; elas acionam uma completa reação em cadeia em sua vida. Elas o aprisionam. Elas literalmente determinam as circunstâncias. Você não poderia ter uma vida magnífica simplesmente porque não teria nada do que se queixar, do que sentir rancor, do que se lamentar e ninguém para culpar ou punir. Para poder castigar alguém, você precisa sofrer ou parecer muito malévolo. É uma teia complexa que tecemos às vezes. Nesse cenário, não há um verdadeiro ganhador. O acusado continua a levar a própria vida, provavelmente alheio ao que está acontecendo; ou pode até mesmo estar morto. A pessoa que acusa, no entanto, sente-se frustrada, é frustrada, e continuará a sê-lo se não até esclarecer suas intenções e fazer outras opções.

Pense comigo. O tema central é assumir a total responsabilidade por criar sua vida; tudo depende de você. Por conseguinte, todos os tipos de culpa e desculpas, bem como a atitude que as promove, precisam ser contestados. Mesmo que você ache que costuma ter uma postura bastante tranqüila a respeito de tudo, vale a pena dispensar alguns minutos avaliando sua disposição de se ver de fato na posição de comando. Sentir que o curso de sua vida depende de fato de você é uma enorme libertação e um manancial de poder. Assumir a responsabilidade por *todas as coisas* o deixa mais leve e mais liberado do que a pessoa comum. Sem fazer críticas, preste atenção ao que as pessoas têm a dizer; escute as desculpas, a culpa, as justificativas e a resignação delas. Podem ser queixas do dia-a-dia, nada muito importante, mas tudo resulta em uma diminuição do poder e senso de responsabilidade. Como você deseja ser o melhor, o que é medíocre não o atrai nem um pouco.

Você é tão liberado quanto poderia ser? Você está carregando excesso de peso? Você é tão descontraído e flexível quanto poderia ser? Vamos dar uma olhada. Responda às seguintes perguntas rapidamente:

1. Culpo alguém pelas circunstâncias de minha vida?
2. Tenho ressentimento de algo ou de alguém?
3. Existe alguém que eu precise perdoar?

4. De quem ainda guardo rancor?
5. Do que me arrependo?

Essa linha de investigação pode oferecer-lhe algumas respostas interessantes. Anote-as, acrescentando nomes e idéias à medida que forem lhe ocorrendo durante o dia. Libertar-se e perdoar as pessoas não muda o passado, mas modifica o domínio dele sobre você. Você muda sua reação ao que aconteceu; escolhe reagir de um modo que o liberta do passado e rompe os vínculos. Você passa a ver o passado de uma maneira sensata e razoável que lhe permite enterrar as histórias antigas e fazer as pazes com elas. Caso contrário, você poderia ser perseguido por demônios que controlariam hoje sua vida, conferindo ao passado o poder de restringi-lo e mantê-lo deprimido. A diferença entre as pessoas pesadas e as leves é o hábito de dividir a culpa. As pessoas leves e liberadas não culpam ninguém. Elas não carregam uma bagagem do passado, tampouco a acumulam na vida atual. Isso não quer dizer que tenham simplesmente levado uma existência celestial e abençoada. Significa que vêem as coisas de uma maneira diferente; são mais liberadas porque não arrastam com elas ressentimentos e antigas feridas. Elas viajam com pouca bagagem. Uma das maneiras mais rápidas de fazê-lo é adotar uma filosofia que o libere e o torne mais poderoso.

Ver a si mesmo como a força motriz em sua vida é uma escolha. Até onde você deseja levar isso? Que tal até o fim? Voltar ao início e ir além. Por quê? Porque isso o torna muito mais poderoso do que achar que você está à mercê de eventos aleatórios e coincidências sem sentido. Sua vida merece mais significado. Que tal aceitar a idéia de que tudo e todos em sua vida estão presentes nela por um motivo? Que motivo? Você decide. Por mais difíceis, por piores que tenham sido algumas pessoas e situações que você encontrou, elas o tornaram, potencialmente, maior e melhor do que antes. Experimente o seguinte: suponha que você chegou a um acordo, antes de nascer, sobre como poderia desenvolver-se e evoluir durante a próxima existência, com uma combinação de livre-arbítrio e destino para que você revelasse suas qualidades e seus talentos. Assim, antes do nascimento, sua alma está programando tudo isso, estabelecendo a ordem de sua vida física. Obstáculos, perigos e desilusões são oportunidades perfeitas, lições de grandeza. Você concebeu maravilhosamente tudo isso para se expandir e favorecer sua evolução pessoal e espiritual. Descobrir o poder do perdão, por exemplo, significa que você terá circunstâncias e oportunidades que lhe permitirão praticar o perdão. A maneira como você lida com suas circunstâncias sempre depende de você. Você tem muitas opções. Embora pareça espetacular, há profundas implicações nisso.

É mais fácil ficar em paz consigo mesmo, com todas as coisas que já aconteceram se você conseguir entender tudo e tirar vantagens da situação. Olhe para trás e examine uma pessoa ou situação com a qual você não se sinta à vontade. Analise-a agora a partir da seguinte perspectiva: qual foi a oportunidade, descoberta, lição e força que você conseguiu obter naquela época? Está tudo lá para ser reunido e usado a seu favor. O objetivo é não sentir ressentimento nem culpar ninguém para espremer cada gota de valor que resta de suas experiências.

Goldie é artista grafiteiro, ídolo de *hip-hop*, DJ, ator e versátil astro internacional. Ele tem um Porsche, um Mercedes e um BMW. Faz compras na Gucci e mora em uma mansão na área nobre de Hertfordshire. Diverte-se com outros músicos, tem amizade com Bowie e Björk, desfila nas passarelas de Londres e Milão, e representou o vilão no filme de James Bond, *O Mundo não É o Bastante*. Ele tem 36 anos, e o sucesso parece fácil para ele. No entanto, Goldie passou grande parte da vida superando a infância difícil. O pai abandonou a família pouco depois de ele nascer. Aos três anos de idade, sua mãe o colocou em uma instituição sob os cuidados do governo. Ele morou em várias instituições e orfanatos até os dezesseis anos. Goldie tem falado sobre sua criação, e há pouco tempo o Channel 4 apresentou um documentário sobre sua vida, do qual participaram sua mãe, seu pai, os pais adotivos, professores e outros fantasmas do passado. Quando lhe perguntaram sobre a felicidade, ele disse: "A vida de um modo geral me faz feliz. Percebi que, acima de tudo, sou um defensor da vida. Sou uma pessoa que viu e aproveitou a vida, e espero que tenha passado um pouco disso adiante. Isso é tudo que realmente importa para mim — passar adiante essa vibração da vida".

O verdadeiro sucesso de Goldie não é seu estilo de vida, mas sim sua vida. É o fato de a vida ter lançado muita coisa em cima dele muito cedo e ele ter conseguido lidar com tudo isso. Seu verdadeiro triunfo é ter permanecido leve e descontraído. Ele poderia ser amargo, mas não é. Ele poderia facilmente ser tristonho, justificando brilhantemente esse sentimento. Ele poderia muito bem odiar o mundo, sentindo que este lhe devia alguma coisa. Sua vida poderia muito bem ter seguido um rumo muito diferente. Aos dezesseis anos, ele deixou a instituição municipal onde vivia, procurou a mãe e foi morar novamente com ela. Hoje ele continua a manter contato com ela, e lhe dedicou uma de suas mais famosas canções, *Mother*. Quando lhe perguntaram se tem orgulho de tudo que conquistou, ele respondeu: "Acima de tudo, tenho orgulho de meus amigos por terem ficado a meu lado, daqueles que ainda hoje estão comigo". Sua resposta imediata é de gratidão, de reconhecimento das coisas pelas quais pode ser grato. Isso é ser leve e descontraído.

DEPENDE DE VOCÊ

1. Cresça.
Divorcie-se de seus pais. Agradeça a eles por *tudo*. Quando você completa 21 anos, a função principal deles acaba. De agora em diante tudo depende de você. Liberte-os. Absolva-os da responsabilidade futura. Você está assumindo o comando, a total responsabilidade de criar a vida que você quer, de ser você mesmo. Eles talvez não gostem disso. Que seja. É melhor viver com um pouco de desaprovação do que levar uma vida de culpa e arrependimento. Este é o preço da responsabilidade e a marca da maturidade. Seu prêmio é a liberdade. Liberdade de viver uma vida criada por você. Você não precisa ser cruel, mas tem de romper os vínculos, separar-se e efetivamente crescer.

2. Fique mais leve e descontraído.
Não seja pesado. Cultive a descontração. Veja o bem em todas as coisas. Veja a oportunidade por toda parte. Aprecie o sol, a chuva, o granizo. Conforme você vê a vida, ela é fácil ou difícil. Torne-a fácil permanecendo leve e descontraído. Fique atento às suas interpretações. Se o trem atrasou, você terá tempo para tomar um café. Se está gripado, e não pode sair de casa, aproveite para assistir a um programa de televisão diurno, que há muito tempo não vê. Fique atento à maneira como você vê as coisas. Permaneça leve e descontraído.

3. Seja grato.
Uma atitude de gratidão faz com que você deixe de ser vítima e torne-se vitorioso. Ela o liberta do passado. Considere-se privilegiado. Veja sua criação, educação e amizades como elementos favoráveis e não adversos. Nunca deseje algo diferente. Se fizer isso, você não estará entendendo a essência da questão, não estará sendo beneficiado. Qual é seu ponto forte? Você estudou em uma escola pública ou em um colégio de alto nível? O que você tem, experimentou, viu e apren-

deu que o faz sobressair? Transforme tudo em vantagem. Não sinta falta de nada, não lamente nada. Abrace tudo.

4. *Faça suas escolhas.*
Admita que, em algum nível, você escolheu e escolhe tudo em sua vida. Qual é o motivo, a lição? Conscientize-se de suas escolhas. Da próxima vez, talvez você queira escolher pessoas ou situações diferentes. Não cometa o erro de se culpar pelas escolhas que fez. Acima de tudo, não se lastime. As pessoas sem poder se lastimam. As vítimas choramingam, e você não é uma delas. Caso sinta a necessidade de se lamentar, afinal de contas você é humano, faça-o de um modo consciente, com alguém que lhe permita desabafar, mas no máximo por quinze minutos. A seguir, siga em frente. Se você tiver queixas sérias, faça algo a respeito delas.

5. *Nada de desculpas.*
Certifique-se de que não está nutrindo ou alimentando ressentimentos, algum "se" ou "se ao menos". Qualquer coisa, enfim, que o impeça de assumir a responsabilidade total e incondicional por criar a vida que você quer. Seja rigoroso. Você não pode se dar ao luxo de desperdiçar uma única gota de sua preciosa energia e força vital; precisa dela toda. Se você conferir grande parte de seu poder ao passado, ou vinculá-lo à culpa e ao ressentimento, não estará fazendo um bom uso dele. Concentre todo o poder que tiver. Não olhe para trás, não se arrependa. Siga sempre em frente.

Tudo depende de você!

Capítulo 14

Motive-se

A motivação é o Santo Graal dos especialistas em auto-ajuda. Gurus, sábios e filósofos, através dos tempos e das gerações, têm empreendido uma busca da chave que libera a motivação. Ela é a chave mestra do sucesso, pouco se conquista sem ela. Ela é o motor, a estação de bombeamento de seus desejos, sonhos e ambições. Ela é a ponte entre a paixão e a ação. Você não vai muito longe sem ela. Ela o instiga a agir. Ele é boa, ela é destrutiva; é poderosa e qualquer coisa que você queira. Ela o levará para qualquer lugar, para que você faça ou seja qualquer coisa. Você só tem de ter uma quantidade suficiente dela. Graças a Deus, você pode ter dela o quanto desejar, só precisa saber como fabricá-la e conservá-la.

Li muito a respeito da motivação. Observei pessoas que a têm e pessoas que não a têm. As pessoas por quem me senti atraída e que mais admirei possuem grande motivação. Gosto das pessoas dinâmicas; elas, sem dúvida, conferem um senso de urgência às situações, à própria vida e à vida das outras pessoas. Elas são poderosas. A energia e o impulso são incrivelmente atraentes. Elas são sedutoras e extremamente *sexy*. São líderes, são inspiradoras. As pessoas as seguem, alimentam-se delas, extraem força do poder delas. E tudo porque elas têm motivação, lucidez, paixão e ímpeto. É impressionante ter esse poder. Essas pessoas dominam o mundo, sempre dominaram e dominarão. Elas deflagram guerras, lideram revoluções, derrubam governos. São déspotas, ditadores, santos e salvadores. Têm o poder de nos persuadir e nos levar às ruas em prol do bem ou do mal. É a pureza, a clareza, as convicções inabaláveis que as tornam tão fascinantes e irresistíveis. Pense em Bob Geldof e o *Live Aid*. Quem poderá esquecer a intensa paixão e o desejo desse homem? Senhoras idosas empenharam as alianças, gigantes das multinacionais contribuíram com milhares de libras e políticos sentiram-se impelidos a entrar em ação. Todos nós fomos afetados e nos sentimos inspirados, emocionados e motivados. O mundo parecia pequeno, e nos reunimos. Naquele dia, Bob Geldof reinou absoluto. Não surpreende que ele tenha sido chamado, desde então, de santo Bob, mesmo que a contragosto.

O poder da motivação é indiscutível. As pessoas comportam-se de um modo diferente quando motivadas. Um time de futebol, uma equipe de vendas, um exército, uma nação, uma escola, uma família: todos se transformam quando motivados. As empresas inteligentes conhecem o valor de uma equipe motivada. O moral elevado em uma companhia diminui a rotatividade de funcionários, os mantém felizes e é bom para os negócios. Uma empresa britânica esteve recentemente em evidência nos jornais do país com as manchetes: "Como o abraço no escritório pode triplicar o lucro" e "A empresa em que o chefe abraça o funcionário".

Farrelly Facilities & Engineering, uma empresa de engenharia, têm por filosofia proibir hora extra, usar música suave no ambiente de trabalho e obrigar os funcionários a tirar folga no dia do aniversário. Desde que a filosofia de amor foi introduzida há três anos, a empresa viu os lucros e a produtividade triplicarem. A companhia limitara-se a sobreviver durante dez anos até que o gerente de treinamento Gerry Farrelly começou a estudar filosofias orientais, como o *Tai chi chuan*. "Os resultados foram incríveis desde o momento em que decidimos seguir esse caminho. Descobrimos que, ao criar essa atmosfera tranqüila, o funcionário reage com o melhor de si. Os lucros aumentaram 200 por cento nos últimos três anos." Adam Boyce, engenheiro de projetos, começou a trabalhar para a companhia há seis meses. "Trabalhei para algumas empresas de engenharia mecânica e sempre achei que todas eram iguais. Mas aqui é diferente, fazem com que a gente se sinta parte da equipe, que está trabalhando na mesma direção. Eu não trocaria este emprego por outro, mesmo que me oferecessem muito dinheiro. A qualidade de vida aqui é muito mais importante para mim." Esse último comentário é o mais intrigante; o dinheiro não é o principal motivador.

Warren Buffett é um dos executivos mais ricos e mais bem-sucedidos do mundo, com uma fortuna estimada em 30 bilhões de dólares. Sua função na Microsoft é motivar uma equipe de quinze a vinte gerentes, manter essas pessoas-chave entusiasmadas com o que fazem, quando não têm nenhuma necessidade financeira de fazê-lo. "Pelo menos três quartos de nossos gerentes têm rendas que ultrapassam toda e qualquer necessidade financeira, de modo que minha função é descobrir como fazê-los querer pular da cama às seis da manhã e trabalhar com o mesmo entusiasmo que tinham quando eram pobres e iniciantes." Bill Gates criou a Microsoft com um investimento inicial de 1.500 dólares. Hoje, as vendas anuais da Microsoft ultrapassam os 14 bilhões de dólares.

Imagina-se que a motivação, por ser tão poderosa, seja óbvia para as empresas em toda parte. Não é bem assim. Mais de 60 por cento das pessoas empregadas no Reino Unido são desmoralizadas no emprego e 20 por cento não se importam com o trabalho. A maioria dos funcionários sente-se feliz fazendo o mínimo necessário para manter o emprego, trabalhando quase de forma mecânica, desanimadas pela rotina de trabalho de nove às cinco. Trabalhadores desmotivados depauperam o capital dos negócios e custam à economia do Reino Unido de 339 a 348 bilhões de libras anuais, segundo recente pesquisa do Gallup. As técnicas gerenciais insatisfatórias foram apontadas como causa da falta de interesse dos funcionários pelo emprego. Na pesquisa, concluiu-se que os gerentes e supervisores precisavam encorajar uma cultura em que os funcionários sintam que são desejados e têm valor para a empresa e seu futuro.

Sentir-se valorizado, parte de algo, ter a sensação de que você está fazendo uma contribuição valiosa a algo importante é nosso tema aqui. E talvez o dinheiro não tenha nenhuma relação com o assunto. Pude ver isso por mim mesma nos anos 80. Naquela época, grandes seminários americanos de fim de semana estavam no auge da moda em Londres. Toda sexta-feira à noite os hotéis da cidade ficavam lotados, com centenas de pessoas ansiosas para sentar-se no salão de conferências até domingo à noite, a fim de tentar entender a própria vida. Era o máximo. Eu adorava cada minuto. Os de maior impacto eram o Treinamento de Relacionamentos Amorosos e o Fórum e Insight. A organização desses eventos era impressionante. No Fórum, especialmente, "assistentes" claramente definidos nos davam as boas-vindas assim que saíamos do metrô e nos levavam para o hotel. Durante o trajeto havia mais assistentes. Entrávamos no hotel e deparávamos ainda com outros. Era uma operação militar, brilhantemente planejada, executada com perfeição. Nada era deixado ao acaso. Um nível de motivação elevadíssimo estava na essência de tudo. Uma pura transparência, um claro senso de propósito, uma total convicção. Esses "assistentes" não recebiam um único centavo. No entanto, eles realizaram um trabalho impecável para garantir que nós, os participantes, tivéssemos a melhor experiência possível. Pense nisso. Chefões de indústria limpando banheiros! O compromisso deles com o sucesso do seminário era a excelência na área da higiene. Eles ficavam encantados em contribuir dessa maneira. Por que? Porque acreditavam fervorosamente no poder do seminário de fazer uma maciça contribuição para a qualidade de vida das pessoas e, por sua vez, para todo o planeta. Não importa se estavam fazendo faxina nos banheiros ou servindo chá. Tudo estava dirigido para um propósito mais elevado. Eles voltavam para casa bem cedo na segunda-feira com um profundo sentimento de realização e contribuição, provavelmente maior do que já tinham sentido no trabalho. O dinheiro em si nunca poderia ter comprado o serviço que eles proporcionaram.

Seu sucesso depende de seu grau de automotivação. Não é a disciplina que move montanhas e levanta um carro para tirar uma criança presa. Não é a disciplina que faz você perder dez quilos, parar de fumar, começar a correr, abrir seu próprio negócio, salvar o planeta. É a motivação. As pessoas que sobrevivem a doenças que ameaçavam a vida geralmente possuem uma automotivação fenomenal. Quero desmistificar e simplificar a motivação para você. Vou lhe dar um plano infalível. Ele funciona. É o melhor de tudo que já li, aprendi e vi colocado em um formato simples. Siga-o e você poderá ter quanta motivação quiser, e conservá-la. A vida torna-se então muito mais direta. Você deixará de lutar consigo mesmo. Poderá sentir-se altamente motivado sempre que quiser; você se sentirá dirigido e impelido a agir em harmonia com seus objetivos. A automotivação torna muito fácil levantar às seis e meia para a corrida antes do café-da-manhã.

Quero que você saiba precisamente como tornar os desejos mais intensos, instigar a paixão, alimentar os anseios para obter os resultados que você almeja. Quero que você compreenda a simples mecânica da motivação para poder ativar a sua sempre que precisar. Ter a habilidade de gerar internamente sua motivação é vital. Os mentores, instrutores e técnicos podem reforçá-la e emprestar a deles para você, mas, em última análise, você precisa da sua para ser bem-sucedido.

Quase todas as pessoas estão familiarizadas com dietas para perder peso. Já fui gorda e já fui magra. Já fui daquelas pessoas que ficam o dia inteiro comendo, diante da televisão e já disputei corridas. Tive *personal trainers*, freqüentei academias e aulas de ginástica, fiz jejum e dietas de desintoxicação. Constatei que nada disso funciona — necessariamente. No entanto, pode dar muito certo, se lidarmos primeiro com nossa motivação. Na verdade, os *personal trainers* podem até piorar as coisas. Eles não podem fazer mágica. Vi pessoas gordas continuarem gordas enquanto utilizavam os serviços de um *personal trainer*. Isso já aconteceu comigo! No momento, estou obtendo ótimos resultados com um desses profissionais. Por quê? Porque realmente desejo esses resultados. Trabalhei minha motivação *antes* de me exercitar com ele. Cindy, Elle, Naomi e as outras modelos não têm um corpo magnífico porque contrataram os melhores *personal trainers* do mundo. Elas apenas estão mais motivadas do que o restante das pessoas. Pense nisso. O fato de você começar a filmar um novo filme em seis semanas, que será literalmente assistido por milhões de pessoas, é um grande motivador. Ou então, o fato de você ter de filmar um novo vídeo daqui a um mês, sem dúvida, ajuda a concentrar a mente.

Os mentores são inestimáveis, quando bem aproveitados. Charles estava em busca de um mentor quando me procurou. Ele disse que as ocasiões em que realmente triunfou na vida foram aquelas em que teve um grande mentor, na escola, no esporte, em seu primeiro emprego.

Sem eles, a vida era mais monótona. Ofereci meus serviços a Charles como instrutora, mas não como mentora. Esta é a grande distinção. Charles esperava que seus mentores o motivassem, estimulassem, instigassem, lisonjeassem e adulassem. O ímpeto que ele tinha era todo deles e não seu; ele não sabia gerar a própria motivação. Eu o treinei para que aprendesse a ser o próprio mentor, para motivar a si mesmo, para que não murchasse sem as injeções externas. Ele aprendeu a tornar-se apaixonado, concentrado, impulsionado e impelido a entrar em ação.

Anthony Robbins é um dos grandes professores de desenvolvimento pessoal. Suas teorias sobre a motivação concentram-se em como usamos a dor e o prazer: "O segredo do sucesso é aprender a usar a dor e o prazer em vez de permitir que a dor e o prazer usem você. Se você fizer isso, estará no controle de sua vida. Se não fizer, a vida o controlará". Essa afirmação faz muito sentido. Se você já teve um emprego que detestava, ou um relacionamento destrutivo, e por fim decidiu entrar em ação e fazer alguma coisa a respeito da situação, foi provavelmente por ter atingido um nível de dor que não estava mais disposto a suportar. Todos já passamos por momentos assim na vida, ocasiões em que dizemos basta, isso *tem* de mudar, agora. Com freqüência as pessoas que conseguem emagrecer dizem que o momento decisivo se deu quando viram uma foto das férias e ficaram tão chocadas com a visão de si mesmas que a determinação de mudança surgiu como num passe de mágica. Chegara o momento delas. Este é o momento em que a dor nos leva a mudar a vida. É vital aprender o que lhe gera dor e o que cria prazer. É claro que você pode influenciar esse processo treinando a mente, o corpo e as emoções para que vinculem a dor ou o prazer a qualquer coisa que você escolha. No caso do cigarro, por exemplo, tudo que você precisa fazer é relacionar uma dor suficiente ao ato de fumar e bastante prazer à idéia de parar. O significado de fumar certamente se terá modificado para qualquer pessoa que tenha conseguido deixar largar o vício. Na verdade, é exatamente isso que a hipnose faz. Ela condiciona a mente a vincular emoções e conotações negativas a qualquer coisa que você queira eliminar, seja chocolate, seja cigarro.

MOTIVE-SE

1. *Qual é sua dor?*
Neste momento, o que você poderia usar para desencadear a motivação que o empurrará na direção da ação e da mudança? Existe um hábito, uma situação ou um emprego, que tenha se tornado tão ruim que esteja quase insuportável? Em que medida ele teria de piorar para você decidir pelo abandono ou pela mudança? Você pode intensificar esse sentimento, e por conseguinte sua motivação, concentrando-se no preço de permanecer nessa situação. Faça a si mesmo estas perguntas: "Qual o preço que terei de pagar se eu não mudar? Como me sinto ao pensar em viver mais um ano ou cinco anos dessa maneira? O que eu perderia se não mudasse nada?". Faça com que a dor de não mudar seja tão real, a ponto de não conseguir mais adiar a mudança. Se for o cigarro, coloque-se diante do preço a sua saúde e expectativa de vida, conversando com alguém que tenha amputado um membro, feito uma cirurgia do coração ou desenvolvido câncer no pulmão por causa do cigarro. Observe o rosto prematuramente envelhecido de uma pessoa de quarenta anos. A idéia de evitar para si mesmo um destino semelhante reduzirá instantaneamente a atração do cigarro. Use essa clareza e intensidade para *se afastar do* que você não quer mais. Os alcoólicos em recuperação usam a dor, a lembrança do vício, para permanecer altamente motivados. Eles não querem nunca mais voltar. A dor supera o prazer de curta duração de um

drinque. Os programas de recuperação servem de lembretes. Evitar a dor é um incrível motivador.

2. *Qual é seu prazer?*

Enquanto evitar a dor pode *afastá-lo do* que você não quer mais, concentrar-se no que lhe dá prazer, *voltar-se para* o que você quer, é um motivador mais a longo prazo. Depois de perder peso ou de voltar a respirar melhor, sem os vinte cigarros que fumava por dia, você vai precisar de uma motivação diferente. Sua motivação original pode precisar ser substituída pelo desejo de ter um corpo enxuto e malhado, pela resistência para disputar corridas, por parecer mais jovem, sentir-me mais atraente, ter mais energia ou qualquer outra coisa que lhe sirva de inspiração. Segundo Robbins, a forte motivação precisa de "alavanca". Parafraseando Nietzsche, aquele que tem um "porquê" bastante forte é capaz de suportar quase todos os meios, o "como" atingi-lo. Vinte por cento de uma mudança está em saber os meios, *como* efetuá-la, mas 80 por cento está em saber o *porquê*. Em outras palavras, quando há vontade, o caminho é fácil. Se você reunir um conjunto de razões suficientemente fortes para mudar, poderá modificar em um minuto algo que não conseguiu mudar em anos. Para se convencer, impelir seus desejos na direção da mudança, faça a si mesmo estas perguntas: "Se eu mudar, como vou me sentir a respeito de mim mesmo? Em que medida minha vida vai melhorar se eu fizer essa mudança hoje?". A solução é reunir muitas razões poderosas para tornar a mudança irresistível. Você muda porque cada fibra, cada célula, cada músculo de seu ser deseja mudar. Você se torna uma pessoa possuída pela inspiração e pelo entusiasmo. As pessoas que o observam invejam sua disciplina, mas elas estão enganadas. Trata-se de pura motivação.

3. *Tenha uma visão.*

Fique motivado pelo espetáculo de uma vida incrível diante de seus olhos. Como é essa vida? Onde você mora e com quem? O que você está fazendo? Vamos lá, anime-se. Torne-se íntimo de sua paixão. Envolva-se com seus anseios. Aguce seu apetite pelas mudanças e melhoras que gostaria de fazer. Saboreie cada detalhe, sem pressa. Divida sua paixão em categorias correspondentes às diferentes áreas da vida: financeira, física, social, profissional, familiar, espiritual e turística. Você logo terá a aparência de alguém que está progredindo. Você viu o futuro, e ele é fabuloso. Existem coisas que pode esperar com prazer. Sinta-se inspirado, porque é fundamental. Seu entusiasmo, otimismo e vitalidade atrairão as coisas que deseja. A paixão é poder; faça com que ela trabalhe para você.

4. *Acredite que é possível.*
Pare de julgar as coisas. Decida acreditar que seus desejos são totalmente possíveis de tornar-se realidade. Estamos falando aqui sobre *você.* Se desejar intensamente alguma coisa, sabe que a conseguirá. Você já fez isso antes. Lembre a si mesmo, neste exato momento, de algo que você queria muito e conseguiu. Você possui uma motivação ilimitada à sua disposição. Ela está a sua espera, para ser bem usada sempre que você quiser.

5. *Divirta-se agora.*
Admire o que você já tem e fortaleça seu desejo de atrair e criar o sucesso. O segredo do sucesso pessoal é ser verdadeiro consigo mesmo e continuar a querer mais. Quando você realmente deseja mais, você consegue. Querer mais e admirar todas as coisas neste momento permitem que você tenha tudo.

Relaxe. Você tem a vontade de ser bem-sucedido. Você está a caminho.

Motive-se!

Capítulo 15

Prossiga

As pessoas freqüentemente me perguntam qual a mais importante dica para o sucesso. É fácil. Faça mais. É simples assim. Você é definido por suas ações. O sucesso chega para aqueles que estão preparados para entrar em ação. A disposição de agir é bem mais importante do que o talento, coisa que as pessoas naturalmente talentosas certamente lhe dirão. O talento nunca é suficiente. As pessoas audaciosas conseguem vencer; as coisas se encaixam para elas. Nem tudo funciona exatamente de acordo com o plano, mas elas sempre vencem no final; são irrefreáveis. Nunca ficam deprimidas, nem mesmo por um minuto. Elas adoram se erguer e entrar novamente em ação.

Todos podemos ser audaciosos e determinados. Não estou prestes a revelar nenhum segredo, ou talvez esteja. É simples. Essas pessoas entram em ação, independentemente de como estejam se sentindo. Elas não aguardam o dia da lua cheia, não esperam um momento mais adequado. Elas definitivamente não esperam se sentir melhor a respeito de si mesmas, seja qual for o sentido disso. Se o que acabo de dizer parece um pouco simplista, é porque entrar em ação, fazer as coisas e realizar mais são algo muito direto. Se você fizer isso, conseguirá e terá mais do que possa desejar. O segredo é que não há nenhum segredo.

As pessoas que me procuram para que eu as treine em geral sabem o que querem. Faço a mesma pergunta a todas: "O que você efetivamente fez a respeito disso até hoje?". Não estou sendo crítica, mas sim curiosa. A resposta? A grande maioria responde: "absolutamente nada" ou algo assim. Muito ocasionalmente alguém dirá: "Tudo. Já fiz tudo e nada deu certo".

Posso elaborar um incrível plano de ação com as pessoas. Posso aumentar a confiança delas, inspirá-las, intensificar a motivação delas, desenvolvê-las e torná-las mais poderosas. Mas não sou capaz de fazê-las saltar, dar os passos, fazer a coisa acontecer. Somente você pode fazer isso. Nem mesmo importa se você está se sentindo ou não confiante. Se você não fizer o necessário, o que você sabe que precisa ser feito, nada mudará. Você certamente não lucrará como poderia. Não cometa o erro de pensar: "Se eu fosse mais confiante, certamente eu faria tudo isso". As coisas não funcionam dessa maneira. Não existe nenhum substituto para a simples e antiga ação. Simplesmente vá em frente.

James, um cliente, é um perfeito exemplo do que estou dizendo. Ele é um famoso especialista na área da saúde masculina e seu sonho é criar uma clínica integrada que esteja na vanguarda da saúde masculina. É um tremendo conceito, e ele era o homem que poderia pô-lo em prática. Ele já estava tomando providências, já tinha avançado bastante, mas também aproveitava todas as oportunidades possíveis para ganhar tempo, procrastinar e vacilar. Ele estava esperando alguma coisa, um ímpeto final de confiança, que lhe assegurasse que estava fazendo a coisa certa, que tudo sairia bem. Quando examinávamos a situação, sua confiança era elevadíssima, sua motivação e senso de propósito eram adequados. O elo que faltava era a ação: sistemática, dinâmica e decisiva. Ele precisava tomar três medidas óbvias para levar seu plano ao estágio seguinte. Ele era o único que estava tentando ganhar tempo e o único que poderia levar a coisa adiante. Tudo que estava entre ele e um monumental salto à frente em sua vida eram três passos simples. Tudo que eu podia fazer era colocar-me de lado e aplaudi-lo quando ele cruzasse a linha. Ele teria de saltar, ainda que se sentisse inseguro. E foi o que fez. Ele cruzou a linha entre o pensador e o realizador. Transformou-se em um homem de ação. Sua confiança, a estima que sentia por si mesmo aumentaram enormemente da noite para o dia, de um modo que horas de conversa ou repetição de afirmações não conseguiriam. Não espere até estar perfeito ou se sentir absolutamente certo do que vai fazer. Nada nos faz sentir invencíveis como colocar as coisas em ação. Você pode sentar-se em casa e escrever afirmações durante anos, como fazem algumas pessoas, e nada mudará muito. Você precisa sair, lidar com o mundo, fazer negócios, envolver-se, fazer as coisas acontecer, correr riscos, entender as coisas de um modo errado, experimentar.

Algumas pessoas lêem livros, gastam uma fortuna e a maior parte da vida em seminários, aprendendo a melhorar a vida. Que vida? Não resta nada depois das inscrições nos seminários. Pude verificar isso de perto no final da década de 80, quando participei de muitos seminários e cursos de fim de semana. Notei que depois de algum tempo todo mundo parecia igual, porque de fato eram. As mesmas pessoas "compartilhando" as mesmas "coisas", as razões pelas quais sentiam que estavam empacadas na vida. Elas pareciam até mesmo chorar pelas mesmas coisas. Sei que isso soa cruel, mas é verdade. Seminários, palestras, alguns livros e fitas magníficos são uma maneira inestimável de permanecer positivo e travar novos conhecimentos. Acredito profundamente no contínuo autodesenvolvimento, mas freqüentar repetidamente cursos de fim de semana, trinta dias aqui, dez dias ali, consome muito tempo. Você talvez tenha até chegado a pensar que havia algo errado com você e que no curso seguinte poderia corrigi-lo. Ninguém é perfeito. Precisamos arregaçar as mangas, enfrentar a vida, e nos envolver com ela, porque é para isso que foi feita. Estudar a teoria é muito válido, mas ela não substitui a realidade.

É por esse motivo que adoro instruir as pessoas. O processo envolve resultados, entrar em ação. A conversa conduz a pessoa até certo ponto, mas o que conta é a ação. Com freqüência, as pessoas adquirem o hábito de conversar e não passa disso. Você se convence a fazer coisas e deixar de fazer coisas. Nunca, jamais, fique sentado na mesa da cozinha falando sobre o que você realmente quer fazer. Tenha essa conversa consigo mesmo. Se preciso, obtenha um apoio de qualidade e prossiga. Ponha mãos à obra. Falar demais diminui a resolução. Aja primeiro, fale depois. Não é saudável que as pessoas achem que você fala muito. Você começará a se ver dessa maneira. Aja de acordo com o que você diz. Demonstre o que você realmente é. Não converse a respeito.

Neste momento, Russell Crowe é o ator mais solicitado de Hollywood. Ganhador do Oscar por seu desempenho em *Los Angeles — Cidade Proibida, Gladiador* e *Uma Mente Brilhante,* ele chegou aonde queria. Assisti recentemente a uma entrevista dele em que lhe fizeram perguntas sobre a ambição e o sucesso. Ele disse que desde os nove anos tinha mantido dentro dele, bem guardado, o desejo de representar. Ele não o revelou a ninguém; em vez disso, agiu. Simplesmente continuou a fazer a coisa certa, aparecendo, praticando, conseguindo papéis, aprendendo, melhorando. Ele sentia que falar a respeito do assunto, discutir sua ambição eram um desperdício de energia que diluiria e debilitaria sua concentração e seu ímpeto. Ele achava que o que queria era importante demais para ser discutido com outras pessoas. Essa é a atitude e ação corretas. É uma combinação imbatível. Não há como não ser bem-sucedido.

Saber quando entrar em ação e quando não agir é uma arte. Existe, sem dúvida, a hora de avançar e o momento de ser comedido, de aguardar o momento propício, de esperar que as coisas, ou pessoas, venham até você. Não se trata de inação, mas de gerenciamento da ação. Você já pôs as coisas em andamento, já plantou as sementes e agora precisa ser um pouco paciente. Espere para que seus esforços frutifiquem, se desenvolvam, ofereçam um retorno. Confie em seu instinto, mas seja absolutamente sincero com relação ao que está acontecendo. Pergunte a si mesmo se existe *qualquer outra coisa* que você poderia fazer para acelerar o processo. Caso, de fato, não haja nada, "fique na sua". Avalie quanto tempo está preparado para esperar. Às vezes você inicia uma ação que só produz resultados anos depois. Parece que aconteceu da noite para o dia, mas você sabe que foi resultado de uma ação que você empreendeu anos antes. Outras coisas levam um tempo menor para ganhar ímpeto e se realizar. Se você se demorar, o momento passa. As oportunidades vêm e vão. Quais delas você deve agarrar? A decisão é sua. Quanto mais você tiver o hábito de agir, mais você estará nesse fluxo, melhor será sua avaliação.

A pior situação é estar preparado para entrar em ação e relutar em fazê-lo. Você acumulou motivação, está se sentindo bem, tudo está na posição adequada. No entanto, você reluta. Isso acontece nas melhores famílias. A única solução é simplesmente entrar em ação; faça exatamente o que você sabe que precisa ser feito. É claro que você poderia discutir um pouco mais o assunto, rever uma vez mais sua motivação. Mas depois, tudo que resta a fazer é fazer o que precisa ser feito. Dê o telefonema. Diga sim, diga não, ou qualquer outra coisa que seja necessária, mas aja. Vá até o fim, do contrário haverá mais conversas e desculpas. Ficar imobilizado é altamente deprimente. O melhor antídoto para a depressão cotidiana é a atividade. O ditado oriental "Isso também vai passar" traduz exatamente isso. Em vez de buscar interiormente uma resposta, você talvez deva procurá-la do lado de fora, na atividade, no avanço. Sua salvação reside em mais ação, mais envolvimento. Examinar o interior para buscar um estímulo para prosseguir pode deixá-lo ainda mais empacado onde você está.

Admiro as pessoas que conseguem erguer-se do fundo do poço e continuar a viver, recuperando-se de uma decepção ou de um relacionamento desastroso. Como seria fácil fechar-se, contrair-se, retirar-se, dizer não para sempre a todo mundo. Lançar-se no mundo, escolhendo avançar alegremente, é corajoso, fabuloso e, em alguns casos, absolutamente impressionante. Ser derrubado e erguer-se de novo é realmente incrível. Não há como montar no cavalo de novo, se perder a calma e se recusar a saltar nele. Às vezes o único remédio é mais ação e mais esforço. Pergunte a si mesmo, neste exato momento, se existe alguma coisa da qual você tenha desistido, que tenha chegado à conclusão de que não pode ter ou se resignado a nunca fazer ou ter? Se for este o caso, quando você tomou essa decisão? Observe que você fez uma escolha distinta que envolveu um recuo e uma saída da vida. Com freqüência observo tal procedimento no caso de pessoas que têm carreiras desgastantes e trabalham por muitas e muitas horas. Elas talvez se destaquem no trabalho, mas tenham desistido dos relacionamentos íntimos. No caso delas, a probabilidade de surgir um relacionamento é, portanto, limitada, porque não fazem nada para criar possíveis oportunidades. As pessoas que têm sucesso nessa área fazem um esforço. Elas buscam ativamente; seus amigos fazem o mesmo; elas procuram parceiros nas agências de encontros, na internet e nas festas. É apenas uma questão de tempo e esforço para que a pessoa certa se materialize. Já vi isso acontecer em poucas semanas. No entanto, outras pessoas não o conseguem em vinte anos.

Se a ação não estiver produzindo resultados, recue. Se você continuar a fazer as coisas do mesmo jeito, sem dúvida obterá os mesmos resultados. Questione seus métodos. Existe uma maneira melhor de alcançar seus objetivos? Evite fixar-se nos meios. Sua meta suprema é o ponto que você deseja alcançar. Adapte-se, mude de direção, evite perder ainda mais. Reconheça o que não está funcionando e o motivo pelo qual isso está acontecendo. Não tenha medo de admitir que entendeu as coisas da maneira errada. Mantenha o controle. Agir apenas por agir é perda de tempo. Já vi a falência assomar e as pessoas ficarem agitadas e frenéticas, correndo de um lado para o outro sem ir a lugar nenhum, recusando-se a parar e ver o que está acontecendo. Como tudo na vida, você pode usar o fato de estar ocupado como desculpa para não enfrentar os problemas, mudar de direção e tomar decisões. A ação é proveitosa quando é a ação certa: premeditada, concentrada na direção certa e que obtém resultados.

PROSSIGA

1. *Seja uma pessoa de ação.*
   O que você tem feito por si mesmo ultimamente? Pense em alguma coisa que você gostaria de mudar, melhorar, realizar na vida. Sem ser crítico, faça esta pergunta a si mesmo: "O que eu fiz a respeito do assunto?". Suas ações demonstram um verdadeiro comprometimento? Você levou o assunto a sério? Qual a intensidade de seu desejo? Quais ações você já preparou para demonstrar seu verdadeiro comprometimento? Se você fosse uma das pessoas mais dinâmicas e destemidas do país, que ações tomaria?

2. *Obtenha resultados.*

Você está sendo eficaz? Não basta estar ocupado. O tempo é precioso. Suas ações são econômicas, orientadas? Elas estão dão certo? Seja sincero consigo mesmo. Não fique ocupado demais para parar e indagar se está indo na direção certa. Você é perfeccionista? Vá em frente. Não deixe que isso o detenha. Dê prioridade ao que vale a pena receber um esforço adicional. Faça experiências com menos esforço. Para algumas coisas é mais útil ser mais leve, elas são mais naturais.

3. *Abrace a incerteza.*

Não adie a ação para quando estiver completamente seguro, porque talvez nunca esteja. Sinta-se à vontade com 80 por cento de certeza, lembrando a si mesmo que a única coisa certa na vida é — a incerteza. Quanto mais você salta, anda e corre com a incerteza de seu lado, menos ela parece uma desvantagem. Você se acostuma com ela. Homens e mulheres de ação experientes sabem que isso faz parte do processo, pelo menos no início.

4. *Seja decidido.*

Decisões, decisões e decisões. Ame-as. Escolha rápido. Quanto menos você se aflige, mais decide e melhor se torna. Procure ser livre no que tange às decisões. Não pense em termos de certo e errado, pense nas conseqüências que todas as decisões têm. Nem todas as decisões são iguais. *Cappuccino*, café com chocolate, carioca, você decide. Rápido. Nunca, jamais, diga a si mesmo que você é um fracasso na hora de tomar decisões. Aja de outro modo.

5. *Faça mais.*

A não ser que você seja um mestre espiritual e more no sopé do Himalaia, o jeito mais inteligente de ter uma maior quantidade de alguma coisa é fazer mais. Entendo que Sai Baba pode muito bem ter a aptidão de materializar objetos físicos a partir do nada, mas você e eu poderíamos levar a vida inteira para aprender a fazer isso. É provavelmente mais rápido trabalhar com a realidade que temos à mão, ou seja, a de entrar em ação. Quando fazemos isso, acontecem milagres com freqüência; o universo faz a parte dele. Goethe disse: "O que quer que você possa fazer ou sonhe que possa, faça. Coragem contém genialidade, poder e magia".

Vamos lá. Saia pelo mundo!

Prossiga!

Capítulo 16

O Que Você Quer?

Saber o que você quer e perseguir seu objetivo parece bastante direto. Até aqui é simples. Temos mais liberdade, oportunidades e escolhas do que jamais tivemos, especialmente no que concerne às mulheres. Com a mobilidade social, qualquer um pode ir a qualquer lugar. Não somos excluídos de nada por causa de nosso sotaque, escola, sexo ou antecedentes. Podemos ter acesso a todas as áreas. A abundância pós-guerra e a previdência social garantem que nunca passaremos fome. No entanto, somos menos felizes, realizados e satisfeitos do que éramos há cinqüenta anos. Segundo as pesquisas, um jovem de 25 anos tem uma probabilidade três a dez vezes maior de sofrer de depressão do que alguém dessa mesma idade na década de 50. Por que hoje muitas pessoas estão mais deprimidas e insatisfeitas do que cinqüenta anos atrás?

O *site* de empregos www.monster.com recentemente realizou uma pesquisa de opinião na Europa chamada "Como cheguei aqui?". Os resultados mostram que menos de um quarto dos europeus está feliz com a carreira que escolheu, e 78 por cento admitiu que chegou por acaso ao cargo atual. Somente 22 por cento respondeu que está realizando seus objetivos profissionais, ou caminhando na direção deles. No Reino Unido e na Irlanda, somente três por cento das pessoas responderam estar no emprego de seus sonhos; no Reino Unido, a carga horária de trabalho é a maior de toda a Europa. Estamos ocupados demais ganhando a vida para conseguir viver.

O que está acontecendo? Os sociólogos dizem que é o resultado do aumento de nossas expectativas, queremos mais. Exigimos mais de nós mesmos; desejamos mais da vida. É verdade que temos bem mais liberdade de ter o que queremos, vivemos em um mundo com a possibilidade de ter tudo e ser qualquer pessoa. Nossas escolhas são infinitas, as oportunidades ilimitadas. Isso representa uma incrível liberdade. Sentir o mundo aberto para você pode parecer inebriante, mas também poder parecer esmagador. Não há limites, fronteiras, desculpas. A liberdade pode fasciná-lo, fazer com que você pare de avançar e permaneça onde está. Para onde se voltar? O que escolher? Acertar é sua escolha. Não há como voltar o relógio para trás, retornar à vida mais simples de cinqüenta anos atrás. É fácil demais romantizar o passado. A vida talvez tenha sido mais fácil porque encerrava menos escolhas, menos oportunidades, mais restrições. Lidar com o mundo de hoje, sem encarar a liberdade e a escolha como um fardo, é a maneira de seguir em frente. É o grande desafio. É difícil saber o que você realmente quer quando a escolha é tão vasta, mas trata-se de um problema que vale a pena, afinal, temos muita sorte.

Descobrir o que você quer quando está cercado pelas idéias de outras pessoas pode ser atordoante. As pessoas da área de publicidade e marketing costumam ser as mais inteligentes. O trabalho delas é convencer você a fazer exatamente o que elas querem que você faça, inflamar seus desejos para que você seja levado a comprar aquele carro, tomar aquela bebida, usar aqueles óculos escuros. "Procure o herói dentro de você" enquanto "dirige o carro de seus sonhos", um Peugeot 406. Compre uma tintura para cabelos da L'Oréal, porque você merece. O Mazda MX-5 Phoenix "é o único lugar onde você vai querer ser visto se quiser se destacar da multidão". Nesse ínterim, o logotipo "M" do McDonald's é o símbolo universalmente mais conhecido no planeta. Ter sucesso significa viver em constante atividade, ganhar altíssimos salários, gratificações anuais, ter uma casa no campo ou na praia. O código postal define quem você é. Um carro maior para uma pessoa mais importante. Simplista. Eu sei, mas você está cercado por tudo isso. Suas necessidades estão sendo meticulosamente planejadas e delineadas neste exato momento. Acreditar inteiramente nisso não é uma escolha; resolver "cair fora" é. Encontrar seu caminho, descobrir o que você quer, é hoje em dia provavelmente mais difícil do que nunca. A pressão de desejar o que você está condicionado a querer é intensa. A "cultura" do *Olá!* ergue imagens de perfeição feitas com aerógrafos como a rota para toda a felicidade. As revistas *People* e *National Enquirer* dos Estados Unidos fazem a mesma coisa. Casas requintadas, vidas requintadas. Se você se deixar convencer por isso, você poderá facilmente sentir que está aquém dos padrões ao fazer comparações. Você se sentiria como um "perdedor" se quisesse algo diferente? Você está tão ocupado em manter seu nível, em ganhar a vida, que talvez esteja perdendo alguma coisa? No passado, a norma era detestar o que fazíamos para viver. Nosso eu verdadeiro emergia no final do dia, da semana, para reviver. Retornávamos a nosso verdadeiro eu para fazer as coisas que realmente queríamos. O trabalho era algo a ser suportado para que a vida real pudesse ser sustentada. As coisas não são mais assim, hoje queremos mais. Esperamos realizar um trabalho significativo que possibilite ao mesmo tempo que nos expressemos. Trata-se de uma expectativa mais elevada e por sinal excelente. O trabalho tem de funcionar para você. Você quer que ele lhe proporcione mais do que a mera subsistência. Se você está insatisfeito, é porque sabe que a vida encerra mais coisas. E você as deseja.

Você pode viver mais se tiver a vida que deseja. A dra. Rosy Daniel, ex-diretora médica do Centro de Câncer de Bristol, diz que "buscar inspiração na vida, dedicar-se a ela e fazer as coisas de que se gosta promovem uma mudança na capacidade orgânica que permite a autocura". Em nenhum outro lugar a conexão mente—corpo é mais claramente demonstrada do que no Centro de Câncer de Bristol onde, por meio de uma abordagem holística, centenas de pacientes que enfrentavam a perspectiva da morte obtiveram mudanças extraordinárias na vida, às vezes com resultados surpreendentes. "Havia uma enorme vida à espera de ser vivida e quando as pessoas tiveram permissão de vivê-la, era como encostar um fósforo em um barril de pólvora", recorda a dra. Daniel. "Mas todos se perguntavam por que se sentiam tão assustados antes de fazer essas mudanças." Você deseja o que tem? Você sabe o que realmente quer? Claro que sabe. Não há nenhuma dúvida disso. Você apenas talvez não veja as coisas com clareza no momento. O que você realmente quer pode estar oculto logo abaixo da superfície, mas, confie em mim, confie em você, certamente está presente. Você sabe disso.

De vez em quando as pessoas têm o sentimento esmagador de que estão vivendo a vida errada para elas, que entraram em um desvio errado em algum ponto do caminho. Elas simplesmente não foram feitas para aquilo. Isso pode ser verdade. Há pouco tempo, a revista *Cosmopolitan* pediu-me que treinasse algumas leitoras para a edição do Dia dos Namorados. Naturalmente, o tema era a vida amorosa das leitoras ou a ausência dela. Uma das moças, Jackie, sentia-se completamente desmotivada a respeito da vida em geral. Não me surpreendi. Ela simplesmente não se encaixava em sua vida. Ela era muito grande para sua vida, que era pequena demais. Acontece. Jackie era uma linda mulher de 25 anos, que havia trabalhado como cantora em navios de luxo alguns anos antes. Ela adorava o que fazia, mas sentiu que precisava "fixar residência". De volta a Londres, à terra firme, a um emprego em uma imobiliária, ela estava naquela época profundamente infeliz. Resisti à vontade de dizer-lhe que a vida dela estava errada, pois essa não é minha função. Ela era bastante inteligente para perceber isso por si mesma. Por favor, não me entenda mal. Ser corretor de imóveis é magnífico, se é isso que você gosta de fazer. Jackie era apenas a pessoa errada para a função. Por mais que tentasse, ela nunca conseguiria se adaptar a ele.

Só tive uma sessão com ela, o que a deixou com mais perguntas do que respostas. Quatro meses se passaram, e há uma semana recebi um convite para o casamento dela. Parece que, depois de nossa sessão, ela aceitou o fato de que não sabia realmente o que queria fazer na vida, mas com certeza sabia o que não queria. Com esse conhecimento, ela voltou a fazer do que gostava, ou seja, cantar. Na primeira semana depois que voltou ao navio, ela participou de uma palestra sobre motivação, apresentada por um rapaz. Dez dias depois eles ficaram noivos! Vou ao casamento daqui a quatro semanas. Às vezes temos de dar uma sacudida, mudar de cenário, ir mais devagar, renovar-nos, tirar as teias de aranha. Jackie tinha sorte por só precisar pensar nela, mas existem pessoas igualmente livres que permanecem empacadas. Às vezes temos de sair do lugar onde estamos e ver as coisas de um modo diferente.

As pessoas vivem em estado de negação. Elas negam a verdade para si mesmas. Por quê? Em primeiro lugar, porque trata-se de algo muito importante para elas. É arriscado expor a verdade. Não queremos que os outros riam de nós, especialmente quando algo nos é essencial; é bem melhor escondê-lo. Segundo, você talvez tenha de fazer alguma coisa a respeito do assunto! Uma vez que você revela o que realmente quer, mesmo que para si mesmo, a verdade está à tona. Você acaba de se expor. O gênio está fora da garrafa. Não há volta. Ou você segue adiante ou sente-se ainda mais insatisfeito do que antes.

Sua paixão, seu entusiasmo, o desejo de seu coração *já* faz parte de sua vida. Não existe nenhum mistério. Ele é de tal maneira parte de você que não pode deixar de sê-lo. Dê uma olhada em si mesmo. Examine sua estante de livros, seu tempo livre, suas noites e fins de semana. Observe o que sabe fazer naturalmente bem, o que você já está fazendo. Lembro-me de ter perguntado a uma nova cliente o que ela realmente queria. Ela garantiu que não tinha a menor idéia. Pedi então que me dissesse o que eu veria se fizesse uma visita à casa dela. O que mais se destacaria? O que me chamaria atenção de imediato? Ela respondeu imediatamente: "Livros de culinária, livros sobre comida, a história dos alimentos, a primeira edição de vários livros, autores contemporâneos, eles estão na cozinha, no banheiro, no lavabo. "Tive de mandar fazer mais prateleiras para ter espaço para eles", ela me disse. Então, apenas lhe respondi: "Obrigada, já deu para ter uma idéia". Um ano e meio depois ela estava prestes a abrir a mais magnífica *delicatessen* no centro de Londres. Surpresa, surpresa.

Às vezes o que você quer não implica desejar mais de tudo, mas sim menos. Outro dia deparei com a seguinte história no *Daily Mail*. Aos 52 anos, Richard Snow viajava pelo mundo na classe executiva, sem limite de despesas. Richard era um executivo do Standard Chartered Bank, tinha um salário altíssimo e uma casa fabulosa na área nobre, em Surrey. Mas para Richard, tudo passara a ser um contínuo esforço, que quase não deixava tempo para que ele tivesse uma vida fora do trabalho. Ele acabara de abandonar tudo, para se tornar responsável pela agência de

Correios em uma pequena localidade em East Yorkshire. Depois de uma semana na nova vida, Richard não se arrependera. "É um estilo de vida diferente, aqui fazemos parte da comunidade. Temos muito entusiasmo pelo que fazemos e vamos conseguir ter sucesso. A única coisa de que sentimos falta é do trânsito de Londres!". Richard teve de desistir de tudo para ter uma quantidade maior do que queria.

O segredo de uma vida feliz é fazer mais coisas de que você gosta. Saber do que você quer e agir de acordo com esse conhecimento. Você será feliz se fizer o que gosta. É disso que vem toda a energia, talentos, idéias e ações para alcançar o sucesso. Nunca fazemos bem algo de que realmente não gostamos, de modo que você precisa descobrir uma coisa que aprecie, algo a que possa se dedicar.

O QUE VOCÊ QUER?

1. *O que você não quer?*
O que você não quer mais em sua vida? O que não está funcionando mais? Seja direto. O que você não deseja mais tolerar, suportar, aceitar? Às vezes ter mais do que você quer só é possível quando você diz não ao que você não quer. Relacione cinco coisas que você definitivamente *não quer*. Faça uma limpeza. Abra espaço para algo melhor. Lembre-se, talvez o que você queria há três anos não seja o que deseja hoje. A vida segue em frente. Você talvez queira agora algo diferente.

2. *A que você se acomodou?*
Você desistiu de alguma coisa realmente importante? Uma das coisas mais tristes é mudar o que quer, em vez de o que não quer, aceitar coisas que nunca realmente se propôs alcançar, seja um estilo de vida, um padrão de vida, uma renda, a ausência de uma vida social ou amorosa, ou não ter tempo para passar com a família. Fez concessões em coisas

realmente importantes para você, em vez de aprender uma nova maneira de lidar com a vida? Escolha uma coisa na qual precise concentrar-se, algo que valha o esforço. Admita que ela é importante. Tire-a da prateleira. Não desista dela, nem de você.

3. *O que você realmente quer?*

Responda à seguinte pergunta: "Se você soubesse que era infalível, o que você faria?". Vá em frente, você sabe que sabe. Não se preocupe em descobrir "como" neste ponto. Dê a si mesmo de presente cinco minutos de sua vida para brincar com essa pergunta. Olhe para si mesmo. Afaste-se. Olhe de longe para si mesmo e para sua vida. O que sobressai nessa pessoa? O que é claramente visível em sua natureza intrínseca , em sua paixão? Que tipo de livros e revistas essa pessoa tem? Que tipo de vida você esperaria que essa pessoa tivesse agora? Você a está vivendo? Se você não tem certeza de que algo é realmente tão importante, faça a seguinte pergunta: "Se eu não fizer nada sobre isso, como me sentirei ao olhar para trás quando tiver 75 anos? Se não for realmente importante, você não o deseja o suficiente. Se for, você o quer.

4. *Você quer o que você tem?*

A grama nem sempre é mais verde do outro lado da cerca. O anseio constante o torna um bom consumidor. Mais coisas, pessoas diferentes, mais férias e períodos de folga podem ser mais da mesma coisa. Não há nada errado em querer o melhor, mas você talvez já o tenha, no momento. As pessoas solteiras querem se casar. As casadas desejam ser solteiras. Você pode estar vivendo os melhores anos de sua vida. Não espere que uma percepção tardia lhe diga isso. Pare e pense. O que é realmente magnífico hoje em sua vida que você não aproveita e do que talvez até se queixe?

5. *Escolha suas influências.*

Escolha seu condicionamento. O lixo entra, o lixo sai. O que você está colocando em sua cabeça? Por um mês, pelo menos, deixe de ver as revistas de famosos. Essas pessoas perfeitas são as mais atormentadas com o ódio por si mesmas, distúrbios alimentares, abuso de álcool e drogas. Não se deixe convencer pela ilusão de que elas têm tudo e você é o observador. Você é melhor do que isso. Sua vida é bem mais interessante. Evite desejar o que os publicitários querem que você deseje. A "mais desejada" bolsa com franjas ou o jeans "despojado chique" mais cobiçado da estação logo estarão "fora de moda". Ninguém menos do que Rochefoucauld foi capaz de expressar isso bem alguns séculos atrás: "Somos felizes quando temos o que gostamos e não o que os outros consideram desejável". Ter uma boa aparência, adorar a moda é uma coisa, mas estabeleça um limite. A palavra "vítima" está escrita em todas as bolsas com franjas.

E lembre-se: se você não perguntar, não terá a resposta.

O que você quer?

Capítulo 17

Consiga o Que Você Quer

Eu costumava detestar a idéia de planejar as coisas. Adorava sentir que era um espírito livre. A idéia de definir metas simplesmente me assustava. As metas eram para os fracos. As pessoas sem graça, do tipo que freqüentava a faculdade de administração, é que faziam isso. Eu preferia muito mais seguir a corrente, deixar que a vida viesse em minha direção. Esforçar-me para obter o que eu queria era muito artificial para uma pessoa descolada como eu. Mas nessa época eu tinha vinte, vinte e cinco anos. Mas nunca é tarde demais para assumir o controle da situação. É assim que eu encaro a esfera de definição de metas e planejamento. Entender o que você quer e ter um plano. Em outras palavras, levar a sério a sua vida e a si mesmo.

Em meu trabalho como instrutora, já vi muitas pessoas que deixaram a vida ao acaso, vagaram de um lado para o outro, e acabaram com a pergunta: "Como vim parar aqui?". Em decorrência disso, elas acham que a vida simplesmente passou por elas, esqueceu-se delas. O desejo de coisas altamente improváveis transforma-se em melancolia. As pessoas podem ficar muito desiludidas nesse ponto. É excessivamente fácil desistir, voltar-se para clichês como: "Bem, não era para ser" ou "Deus tem outra coisa em mente para mim". Muito ocasionalmente, este pode muito bem ser o caso. Mas não consigo lembrar-me de um exemplo neste momento.

Algumas pessoas ficam amargas e procuram algo em que possam pôr a culpa. A verdade é que nunca tiveram realmente um plano. Ou então, ele era tão banal e ineficaz que elas não saberiam se tinham chegado ou não ao destino, porque na verdade não tinham um destino. De qualquer modo, acabam com pouco ânimo e entusiasmo solapado. Elas reduzem seus desejos e suas expectativas, resignadas com a idéia de que a vida tem menos a lhes oferecer; e o ressentimento e a inveja afloram. Observar isso de perto me assusta, evita que eu vague sem rumo.

Talvez tenha alguma coisa a ver com eu não ter mais vinte ou vinte e cinco anos, mas acho que a vida é um pouco curta e importante demais para deixá-la ao acaso. Arriscar-se a conseguir uma mesa em seu restaurante predileto numa noite de sexta-feira é uma coisa. É ótimo ser espontâneo de vez em quando, mas não o tempo todo. E por que Deus deveria fazer todo o trabalho? Estamos aqui por um motivo, para esforçar-nos para conseguir as coisas, progredir na vida. Vamos agir com seriedade.

Sério para mim não significa pesado e sombrio. Estou querendo dizer que você precisa se levar a sério, dar-se importância. Você não quer uma vida fabulosa? Claro que sim. Sua vida é importante? Certamente. Você a merece? Pode apostar. Vamos pôr mãos à obra, vamos fazer planos e projetos. Não suporto ficar entediada; detesto adversidades. A viagem tem de ser o tempo todo na primeira classe, porque você precisa se divertir durante o trajeto; caso contrário, fica monótono. Não queremos isso. Perseguir sonhos, ter objetivos tem de fazer a vida mais interessante neste momento e não apenas no futuro. Pense em como você poderia divertir-se se sua meta fosse encontrar um marido ou uma esposa. Isso mesmo.

A definição de metas tem sido malvista. Muito poucas pessoas na verdade têm objetivos claros, e menos ainda têm metas claras, *por escrito*. Isso é algo que os outros fazem. Acho que tem alguma relação com a apresentação. Todo o processo é um pouco nebuloso, um tanto desinteressante, complicado. Outra razão pela qual as pessoas não definem metas, e provavelmente a mais importante, é o medo do fracasso. Como não se sente confiante, não acredita suficientemente em si mesmo para conseguir seu objeto de desejo. Desse modo, se não se dá ao trabalho de tentar, pelo menos não há como falhar. Pare com tudo isso agora. Vou fazer o processo de definir metas algo simples, direto e divertido. Não é preciso lutar, nem se sentir entediado com ele.

Você sabe aonde você está indo? Que direção você está tomando? Norte, sul, leste, oeste? Não é à toa que a vida é chamada de jornada. Todos nós vamos para algum lugar. Mas que lugar é esse? Você nunca partiu para uma longa viagem sem saber seu destino. Seria estranho não ter um roteiro na cabeça nem talvez por escrito. Durante a viagem, você poderia até mudar ligeiramente de direção, alterando seu curso de acordo com o que encontrasse em algum ponto do caminho. Mas você certamente saberia o que pretendia e quais suas intenções. Você definitivamente saberia que tinha chegado ao destino.

Não penso mais que as metas são para os fracos; hoje sei que as coisas são diferentes. As metas são para aqueles que desejam uma vida interessante e estão preparados para fazer algo para consegui-la. As pessoas decididas definem metas. Por quê? Porque acreditam que podem alcançar grandes coisas e não se importam em fazer o esforço necessário. Isso se chama confiança. É otimismo, determinação, "correr atrás" e, às vezes, risco. É enxergar o lado mais alegre e ser ao mesmo tempo completamente pragmático. Ser de outra maneira é ser fraco.

Aqueles que atingem grandes realizações com freqüência são considerados pessoas "de sorte". Em outras palavras, suas realizações, a fortuna que acumularam, surgiram quase que por acaso, por obra e graça da intervenção divina. Observe mais de perto. Todas as vezes você encontrará um plano.

Há um ano, David Edwards foi o primeiro homem a ganhar um milhão de libras no programa da televisão inglesa *Who Wants to Be a Millionaire*. No dia seguinte, David revelou seu meticuloso plano de ação para vencer. Com mestrado em Física, sabia que sua cultura geral era suficiente para poder responder às quinze perguntas que teria pela frente. O verdadeiro desafio era conseguir participar do programa. Ele calculou que precisaria discar o número de telefone com tarifa diferenciada talvez até mil vezes para garantir um lugar nos seis meses seguintes, de modo que reservou mil libras de seu salário anual de 26 mil libras para esse fim. Para seu espanto, só foram necessárias vinte ligações para ele conseguir aparecer pela primeira vez no programa. No entanto, o pânico fez com que ele se atrapalhasse quando digitava o teclado durante a parte "os dedos mais rápidos ganham", em que os concorrentes precisam colocar em ordem datas ou números. Sem se deixar abater, David voltou para casa e dedicou-se a conseguir outra chance. Ele telefonou muitas vezes e também praticou a digitação de números. "Pratiquei até não precisar mais pensar qual o dedo que correspondia à tecla 'B' e li cartões de perguntas do jogo de tabuleiro que simula o programa." Finalmente, depois de gastar trezentas libras, ele conseguiu sua segunda chance, que mudou sua vida. "Fui para lá achando que tinha uma chance realista de ganhar uma grande quantia. Fiz tudo com relativa frieza, porque pensei que, se eu conseguisse ganhar o milhão, teria a chance de me aposentar cedo e fazer as coisas que não podia fazer, por causa de compromissos e da faculdade de meus dois filhos."

David estava certo de que era capaz de ganhar o prêmio. Ele só precisava de uma chance e não ia deixá-la ao acaso. Depois que David ganhou, outras pessoas se tornaram milionárias no programa. Cada uma delas revelou um plano, tão preciso e convergente quanto o de David. Não houve nada de aleatório no fato de elas conseguirem participar do programa ou ganhar o milhão. O valor da conta de telefone de Judith Keppel, a primeira mulher a ganhar o prêmio, foi tão elevado no período que ela estava tentando conseguir ser aceita no programa, que a British Telecom telefonou para ela para avisá-la de que adolescentes provavelmente estavam usando o telefone dela.

Philip Beresford, o mais famoso especialista em pessoas ricas da Inglaterra, diz que a diferença entre os ricos e as outras pessoas é simplesmente o seguinte: "Todos podemos conversar animadamente sobre uma boa idéia no barzinho, mas 99,9 por cento da população nada faz para concretizá-la. A pessoa que sabe ganhar dinheiro levanta na manhã seguinte e, mesmo que esteja com uma terrível ressaca, tem a confiança de transformar a idéia em uma máquina de fazer dinheiro". A fundadora da Body Shop, Anita Roddick, disse certa vez: "Os negócios não são um empreendimento que requer uma grande inteligência ou habilidade técnica". As grandes idéias exigem um grande plano. Elas não têm valor real enquanto não se fizer nada com elas.

Se você leva a sério a idéia de chegar a algum lugar, de conseguir alguma coisa, você tem de ter um plano. O melhor tipo é o plano por escrito e vou dizer o motivo. Em 1953, fizeram a seguinte pergunta-chave a um grupo de graduados da Universidade de Yale: "Quais de vocês têm uma lista escrita de metas específicas?". Apenas três por cento do grupo tinha metas claras que havia colocado no papel. Vinte anos depois, em 1973, o grupo voltou a ser procurado. Os três por cento que tinham escrito suas metas haviam acumulado uma fortuna maior do que a soma dos bens dos outros 97 por cento. Esse exemplo tem sido muitas vezes citado para demonstrar o poder fenomenal da palavra escrita. Pense na vantagem que você dará a si mesmo se começar a usar papel e lápis.

O motivo pelo qual vamos definir metas é fornecer à vida um ponto de convergência e avançar na direção que gostaríamos de ir. Lembre-se de que aquilo em que você se concentra aumenta em sua vida, e você se torna aquilo que pensa. O guru espiritual Wayne Dyer diz que "você é aquilo que pensa o dia inteiro". Mesmo que você não fizesse nada além de escrever o rumo que gostaria que sua vida tomasse, seria enormemente beneficiado pela maior clareza mental que desfrutaria. Você teria uma vantagem psicológica. Sua mente o puxaria sistematicamente naquela direção. Mas, é claro, queremos que o pensamento seja seguido de estratégia e ação. Em poucos instantes vamos atacar um plano.

Mas antes temos de avaliar duas questões. Primeira, vale a pena lembrar-se de seus valores, seu propósito. Se você não fez o exercício do propósito do capítulo "Mais Poder para Você", por favor, faça-o. Suas metas e planos precisam emergir de sua motivação mais clara e elevada. Suas ações precisam estar em harmonia e ser congruentes com seus valores e prioridades pessoais.

Segunda, qual é a vida de seus sonhos? Vamos pôr de lado o "como" por um momento. Se não houvesse limites, fronteiras, como seria sua vida, onde você moraria, o que você faria? Se dinheiro não fosse problema, se você não tivesse de trabalhar para viver, o que você faria? Permita-se ficar entusiasmado. Escreva como seria sua vida em cinco minutos ou menos; um parágrafo será suficiente. Você está fazendo isso por prazer. Você deverá sentir-se mais animado e energizado. Redija agora uma frase do por que você merece isso. Sorria. Vamos em frente.

CONSIGA O QUE VOCÊ QUER

As regras

1. *O que você faria se soubesse que é infalível?*
Pense nisso. Se você tivesse uma confiança absoluta em seu sucesso, o que você desejaria fazer? Que ações você empreenderia? Seja específico.

2. *Você é veemente?*
Quanto mais forte for seu desejo, maior a probabilidade de agir de acordo com ele. A emoção é energia em movimento. O medo do desapontamento pode refreá-lo, reduzindo o poder total de sua intenção. Lute contra ele. Deixe que seu desejo intenso instigue suas ações. Escolha apenas objetivos realmente importantes e depois empenhe na operação a força total de sua ação. Paradoxalmente, resista à vontade de se sentir desesperado, inseguro ou rígido. Permaneça aberto à possibilidade de sua meta se materializar de uma forma diferente daquela que você consegue imaginar agora. Não se agarre a nada. Caso contrário, você estará limitando a forma como ela pode aparecer para você. Faça a seguinte afirmação: "Estou pronto(a) para receber o que quero ou algo melhor".

3. *Escolha acreditar que é possível.*
No momento em que você declarar o que quer, poderão surgir todos os tipos de dúvida para abalar sua determinação. Evite essa possibilidade antevendo que ela pode acontecer e trabalhando com ela com firmeza. Faça declarações positivas para si mesmo, como: "Assumo agora a total responsabilidade por criar os resultados que desejo em minha vida". "Acredito agora que tenho competência para ter a vida que eu quero; mereço ser feliz." Você é o senhor de seus pensamentos. Escolha acreditar em seu potencial.

4. *Relaxe.*

Volte-se para dentro de si. Adquira o hábito de meditar; quinze minutos de total silêncio aquieta a mente e disciplina o mundo interior. Quanto mais tranqüilo você fica, mais clareza você leva para seu mundo. Deepak Chopra diz que esse estado nos liga à criatividade infinita, ao campo da pura potencialidade. Você receberá sem esforço suas idéias e inspirações mais criativas quando acalmar sua turbulência interior. Procure um local tranqüilo e íntimo onde você não seja perturbado. A posição deitada poderá estimulá-lo a dormir. O melhor é sentar-se de uma maneira confortável. O objetivo é simplesmente deixar que os pensamentos passem sem se agarrar a nenhum. No início as idéias e os pensamentos poderão disputar sua atenção. Tenha à mão um bloco de notas para poder escrever alguma coisa, se necessário. Com um pouco de prática, isso acontecerá com uma freqüência cada vez menor.

5. *Visualize o resultado que você deseja.*

Contemple; veja em seu olho mental o que você deseja tornar realidade. A primeira coisa a fazer de manhã e a última à noite é ver a si mesmo da melhor maneira possível, passando um dia com perfeição ou vivenciando sua meta particular. Se for a casa de seus sonhos, veja-a vividamente em detalhes, o interior, o exterior, os cômodos, a mobília, os objetos, tudo enfim. Organize suas intenções em um "mapa do tesouro". Procure imagens do que você quer conseguir e atrair para você e disponha-as no papel. Deixe o mapa à vista onde você o veja todos os dias ou carregue-o com você.

O PLANO DE AÇÃO

1. *Escreva tudo.*

Compre um bloco grande apenas para esse fim. Defina títulos para cada área de sua vida: carreira, finanças, família, vida social, relacionamentos, saúde e preparo físico, espiritualidade. Acrescente outros criados por você. Use páginas em branco para cada título, para que seja fácil vê-la em um relance. Agora examine a lista e faça uma estimativa de quando você espera alcançar os resultados: seis meses, um ano, dois anos, três anos. Descobri que qualquer coisa além de três anos perde a sensação de urgência.

2. *Estabeleça prioridades e planeje.*

É chegada a hora de agir com maior energia. Escolha quatro objetivos com os quais você deseje trabalhar ativamente, metas que pode alcançar este ano. Escolha as coisas pelas quais você sente mais entusiasmo, cuja realização causará mais impacto em sua vida. Sob cada objetivo escolhido escreva por que você merece alcançá-lo. Que importância ele terá em sua vida e na realização de seu propósito? Agora "abençoe-o" com a seguinte afirmação: "Agradeço por este desejo ou algo melhor estar em minha vida em (insira a data) ou antes para meu bem e de todos os envolvidos".

Em folhas de papel separadas escreva novamente o título dos objetivos, marcando agora onde cada meta estará daqui a um ano/seis meses/três meses/um mês. Para fazer o plano avançar do jeito que você imaginou, o que está disposto a fazer nos próximos sete dias? Para cada uma das metas escolhidas, defina um plano semanal de ação do que você está disposto a fazer para avançar nos próximos sete dias. Tome uma providência hoje com relação a cada um dos quatro objetivos. Essa atitude demonstra sua intenção. Um telefonema, uma visita a uma academia de ginástica a caminho de casa, um passo à frente, por menor que seja, é tudo de que você precisa.

3. *Faça uma revisão e renove.*

Mantenha as metas ativas. Leve com você os títulos dos quatro objetivos escolhidos. Reveja-os e renove-os semanalmente. Uma vez por mês leia todas as metas do começo ao fim e analise quaisquer acontecimentos. Permaneça aberto a mudar de direção, intensificando sua atividade em qualquer ocasião.

4. *Obtenha apoio.*
Seja reservado sobre suas metas e planos. Não os compartilhe simplesmente com qualquer pessoa. O apoio é extremamente benéfico; escolha-o com sabedoria. Procure três pessoas positivas que o incentivem com a energia e a convicção delas. Reúna-se com elas semanalmente ou a cada quinze dias e você ficará impressionado com os benefícios que alcançará. Existe uma razão muito boa pela qual os grupos de Vigilantes do Peso e dos Alcoólicos Anônimos funcionam. Chama-se companheirismo. Um propósito compartilhado, uma meta. Eles funcionam quando você comparece às reuniões. Para perder peso, permanecer sóbrio, conseguir o que você quer, entre para um grupo.

5. *Comemore!*
Você já está a caminho. Se você está disposto a pegar lápis e papel e seguir um plano, você passou a fazer parte dos poucos selecionados que fazem isso. Lembre-se de que apenas três por cento da população se dá ao trabalho de ter metas claras e por escrito. As pessoas que fazem isso se dão bem. Você é uma delas, continue assim. Seus esforços serão recompensados. Reconheça seu progresso semanalmente e também nos pontos altos desse intervalo. Não deixe de se sentir magnífico enquanto o objetivo não for alcançado. Todas as pessoas que fazem isso se sentem desanimadas quando cruzam a linha de chegada. Aproveite a jornada. Empresários, milionários, qualquer pessoa que tenha conseguido algo de que se orgulham, invariavelmente afirmam que os primeiros dias foram os mais divertidos. Não deixe escapar a oportunidade. Cada dia é valioso. Tudo conta.

Parabéns! Você está a caminho de conseguir o que quer *e* tornar a vida mais interessante neste momento. Aproveite!

Consiga o que você quer!

Capítulo 18

Escolha o Sucesso

Quatro anos atrás Kevin Spacey era o ator mais admirado de Hollywood. Ele acabara de ganhar um Oscar por sua atuação em *Beleza Americana*, que se seguira a várias interpretações elogiadas em *Los Angeles — Cidade Proibida, Os Suspeitos* e *Seven — Os Sete Crimes Capitais*. Ele era intocável. Aí veio *Chegadas e Partidas*. Segundo a crítica do *Independent's*, em *"Chegadas e Partidas* a atuação de Kevin Spacey oscila entre inexpressiva e indolente... o que aconteceu a sua interpretação, pode-se perguntar... se antes ele provocava sentimentos exaltados no público, hoje ele só consegue causar irritação". "Kev teve uma seqüência de fracassos. 'Ele teve de diminuir seu cachê por filme em um milhão de libras', confidenciou-me minha fonte totalmente fidedigna", trinou a página de "fofoca" do *Daily Mail*.

Como será que Kevin Spacey se sente quando lê esse tipo de coisa? Como se identifica, qual sua qualidade como ator, depois de ser ridicularizado em público dessa maneira, de seu trabalho ter recebido críticas negativas unânimes? Desconfio que ele tenha conseguido resolver essa questão de sucesso e fracasso, pois sobreviveu e continua fazendo filmes. Caso contrário, já teria feito as malas e se despedido de Hollywood há muito tempo.

Sucesso e fracasso. Você precisa entender isso se quiser ter uma vida interessante. Ambicioso? Controle o fracasso ou ele o dominará — só de você pensar nele. O medo do fracasso pode segui-lo de perto, obcecá-lo, aterrorizá-lo. Na melhor das hipóteses, ele o reprimirá, restringindo e refreando seus grandes sonhos, projetos e planos grandiosos. Ele é tão poderoso que o impedirá até mesmo de dar um único passo em direção ao que você mais deseja. Ele pode dominá-lo sem que você nem mesmo saiba que ele está presente. Ele encerra seu pior pesadelo; todos os seus piores receios e fantasias estão na palma da mão dele. Não subestime o poder dele. Só pode haver um vencedor nessa competição, e *tem* de ser você.

Sua missão, e recomendo com insistência que você aceite este fato, é enfrentar esse demônio e vencê-lo. Quero levá-lo a admitir quaisquer temores e medos de fracasso que possam obcecá-lo, destruindo sua vida. O inimigo está dentro de você; seus demônios pairam no fundo de sua mente, esperando para se revelar tão logo você tenha uma idéia brilhante, contemple uma mudança importante, resolva correr certo risco. O medo do fracasso não discrimina ninguém. Ele ataca toda e qualquer pessoa, independentemente de posição, poder ou *status*. Já vi pessoas poderosas e confiantes serem dominadas por ele assim que pensaram em fazer algo diferente. Nas competições esportivas, sabe-se que essa ansiedade pode fazer com que os profissionais de alto nível tenham desempenho de amador. O medo extremo do fracasso pode provocar um efeito fisiologicamente debilitante na parte do cérebro que controla o movimento, resultando em erros elementares que comprometem as chances de sucesso. Os psicólogos chamam esse processo de "estrangulamento", em que os profissionais bem treinados cometem erros básicos porque a mente deles convenceu o corpo de que ele não está à altura da tarefa. O truque é que, quando você não tem medo de perder, pode começar a tomar decisões mais arriscadas que lhe ofereçam mais

chances de ganhar. A estratégia é válida para gerar o sucesso em qualquer área da vida.

Observei que ele aparece tão logo você começa a pensar
em alguma coisa que lhe é realmente importante, do tipo
que mais deseja no mundo. Ou talvez ele erga a cabeça no
momento em que você se imagina ultrapassando a "zona
de conforto", o lugar onde tudo é familiar. Você sabe orien-
tar-se nele, seria capaz de percorrê-lo dormindo, amarrado
e amordaçado. Mas ele é familiar, e o familiar tem seu en-
canto. Não há surpresas; é seguro, previsível e um pouco
aconchegante. Essa é a zona de conforto em um dia agradável. O resto do tempo pode ser mais uma zona morta. Nela
você pode ser como um zumbi, mover-se no piloto automá-
tico, fazendo as coisas por hábito. É fácil detectar as pessoas que estão na zona morta, elas têm uma expressão vaga,
como se estivessem em transe. A luz está esmaecida e talvez há anos não haja ninguém em casa. Essas pessoas vivem num mundo de sombras. Elas partiram; apagaram algum tempo atrás. Elas podem voltar à vida? Certamente. A
qualquer momento que acordarem para o verdadeiro eu.
Assim que lembrarem por que apagaram, o que rejeitaram,
de que se afastaram. Não se engane. A zona morta está repleta de pessoas que perderam a competição ou que nem
se deram ao trabalho de lutar. Elas perderam a batalha entre afastar-se e ceder ao medo do fracasso. Elas recuaram
no momento crucial, escolhendo o que já conheciam em vez
de avançar em direção a algo diferente. O medo do fracasso
ganhou.

Estou descrevendo uma situação extrema, mas ela existe. Essas pessoas estão por toda parte. Os "mortos vivos"
estão entre aqueles que desistiram do que poderia tê-los
tornado completamente vivos, por não conseguirem lidar
com o medo do "fracasso". Faça perguntas discretas, e eles
lhe fornecerão os detalhes da abdicação, do dia em que

desistiram de si mesmos e resignaram-se com uma vida insignificante, conformaram-se com "o jeito que a vida é". A justificativa deles será as outras pessoas, a competição, a economia, o momento errado. De vez em quando culparão a si mesmos, dizendo que não têm coragem suficiente, que lhes falta alguma coisa, ou então se rotularam de fracassados por alguma coisa que aconteceu.

Detectei há alguns anos uma pessoa assim em um seminário de que participei em Londres. Jack tinha cinqüenta anos e dava a impressão de estar perto dos setenta. Sua aparência era de total desânimo, de alguém que tinha visto tudo e simplesmente desistido. Ele era uma das pessoas mais contidas que já conheci. Depois de algum tempo, ele começou a relaxar e parecer menos na defensiva. Com cautela, perguntei-lhe se havia algo em seu passado que o estivesse oprimindo ou debilitando. Ele explicou que havia quinze anos tinha sofrido uma queda nos negócios. Durante algum tempo, foi incapaz de sustentar a família, e sua mulher teve de fazê-lo. Levou algum tempo até iniciar uma nova carreira e firmar-se como consultor financeiro, e acabou conseguindo ter grande sucesso. No entanto, apesar de esse ter sido o único "fracasso" óbvio que tivera na vida, foi suficiente para que colocasse um rótulo em si mesmo. Aluno perfeito, boas notas, esposa encantadora, filhos lindos, vida magnífica, e depois o fracasso. Pelo menos era assim que ele via as coisas. Nunca conseguira se recuperar inteiramente daquela época, até que ensinei Jack a encarar seu "fracasso" de outra maneira. Ele admitiu que deixara de notar os primeiros sinais de aviso de que o negócio estava com problemas. Mas, no momento em que se deu conta do que estava acontecendo, passou a trabalhar horas a fio para evitar o declínio. Quando faliu, ele voltou a estudar e lançou-se em uma nova carreira, em que é muito bem-sucedido. Além do mais, tinha um casamento fabuloso, era um pai magnífico para suas três filhas encantadoras, participava ativamente das atividades de sua igreja e da comunidade; enfim, era uma pessoa incrível, um sucesso. Ele percebeu tudo isso e, ao dizê-lo aos demais 25 participantes do seminário, foi aplaudido espontaneamente por todos. Para Jack, aquele dia passou a ser o momento em que voltou a viver plenamente. Ele retirou o fardo que o oprimia e passou a rotular-se de um modo diferente. Às cinco horas da tarde, quando foi embora, Jackie era outra pessoa, um homem de cinqüenta com aparência de 42.

A uma quadra desse seminário, Madonna preparava-se confiante para apresentar um dos maiores shows de sua vida, durante a turnê de *Drowned World*, anos depois de sua carreira ter degringolado após uma série de fiascos. Depois do fracasso de bilheteria de *Shanghai Surprise* e *Corpo em Evidência*, não apenas os críticos mas muitos fãs perderam o interesse por ela. Ela demonstrou que o fracasso não precisa ser o fim dos sonhos de uma pessoa. À semelhança de muitos que seguem em frente e conquistam o poder, Madonna é um exemplo clássico do que os psicólogos chamam de "personalidade ricochete". Essas pessoas não encaram o fracasso como algo que lhes deixa uma marca permanente, e o vêem menos ainda como uma derrota. Em vez disso, essas pessoas sentem-se renovadas, até mesmo inspiradas, pelo fracasso.

Winston Churchill, Hillary Clinton, a falecida princesa Diana voltaram a lutar após um período de dificuldades. Muitos dos astros e estrelas mais interessantes de Hollywood fizeram "extraordinárias reaparições" depois de ter sido considerados "ultrapassados". John Travolta "reapareceu" tantas vezes que é conhecido como o "vovô das reaparições", e é bem possível que Kevin Spacey já tenha ressurgido quando você estiver lendo este livro.

Os psicólogos argumentam que talvez o fracasso e a perda estejam entre os maiores estimulantes do sucesso. Mas por que pessoas como Madonna têm a capacidade de reagir, enquanto outras simplesmente se deixam dominar pela perda? Segundo Stephen Palmer, professor de Psicologia da Universidade da Cidade de Londres: "As pessoas que transformam o fracasso em sucesso põem a culpa no que *fizeram*, e não em si mesmas. Elas encaram o fracasso como um resultado dos erros que cometeram, que não são parte essencial de sua personalidade... Se, de fato, você se rotula de 'fracassado', é extremamente difícil que você consiga sair do buraco em que se encontra".

A diferença entre as pessoas essencialmente bem-sucedidas e as outras pessoas não está no fato de nunca terem fracassado. A diferença reside na maneira como *reagem* ao fracasso. De todas as reações possíveis a um desapontamento, a pior é achar que a experiência determina para sempre seu futuro. Isso acontece, por exemplo, se você é rejeitado por uma pessoa por quem se sente atraído e interpreta a atitude como: (a) você nunca mais conseguirá atrair alguém interessante de novo, e/ou (b) não é atraente. Por acreditar que está perdido, você pára de tentar e, conseqüentemente, tudo parece exatamente como temia. Mas por que as pessoas determinadas nunca se deixam abater tanto? A chave reside no modo como analisam o motivo do fracasso. Elas chegam à conclusão de que os reveses são causados por coisas que podem mudar. Se o problema está nelas, elas acreditam que podem empreender uma transformação pessoal que corrija a deficiência, seja qual for. Desse modo, se são rejeitadas, elas pressupõem que necessitam melhorar a aparência ou o traquejo social. As pessoas bem-sucedidas acham que o fracasso lhes ensina lições valiosas sobre o que precisam alterar em si mesmas, para que possam conseguir o que desejam.

Isso explica por que um número tão grande de pessoas bem-sucedidas com freqüência ressurge completamente transformado. Elas encaram todo sucesso como a conseqüência inevitável de encontrar o botão certo da mudança e apertá-lo. Superar o medo do fracasso no local de trabalho, e em todas as outras circunstâncias, é essencial para o sucesso. Caso contrário, o receio que você tem de falhar pode levá-lo a tomar decisões excessivamente conservadoras e seguras. As coisas que você faz são apenas suficientes para que vá levando. Os vencedores ousam ganhar. Você precisa remover a barreira psicológica que o impede de avançar.

Catherine Zeta-Jones acaba de fechar um contrato de nove filmes, com um valor estimado de 54 milhões de libras, o que a torna a atriz inglesa mais bem paga até hoje. Acredita-se que Catherine, que entrou para a elite de Hollywood ao se casar com Michael Douglas, receba cerca de seis milhões de libras por filme. No entanto, há relativamente pouco tempo, sua carreira na Grã-Bretanha não era o que se poderia chamar de meteórica. Os melhores papéis que ela conseguia eram em filmes como *Na Crista da Onda* e *Quem não Herda... Fica na Mesma,* que foram um triste fracasso. Ela foi aconselhada por amigos a estudar teatro clássico na Royal Shakespeare Company. Ela respondeu: "Mas eu quero ser uma estrela". Ela fez as malas e jogou a maior cartada de sua carreira, chegando a Los Angeles com apenas alguns contatos. Eis o que ela diz: "Houve momentos em que achei que tivesse perdido o juízo, mas persisti porque não queria olhar para trás nos anos seguintes e pensar: 'Se eu tivesse tido coragem de tentar'". Catherine poderia ter permanecido na Inglaterra e chegado à conclusão de que jamais seria uma estrela. Em vez disso, ela mudou de tática, mudou-se para Hollywood e resolveu arriscar tudo. Ela não perdeu um tempo precioso transformando sua carreira em declínio em fracasso pessoal. Ela sabia que recomeçar era tudo que tinha a fazer.

ESCOLHA O SUCESSO

1. *Você é bem-sucedido neste momento.*
Você é importante, digno de ser amado e bastante bom. Se você está esperando a grande realização que lhe dará essa certeza, prepare-se para uma espera infinita. Seu valor como pessoa não aumenta à medida que você acumula prêmios como riqueza, poder ou fama. Você é infinitamente precioso. Não existe nenhuma outra pessoa em todo o planeta igual a você. Você é único. Nenhum sucesso ou fracasso pode alterar esse fato. Valorize-se agora; não deixe para se valorizar quando tiver uma casa maior, um carro melhor ou um cargo mais influente. Você é inestimável neste exato momento.

2. *Mude seu rótulo.*
Entenda que *você* não é um fracasso. Se algo não der certo, elabore outro plano. Faça do fracasso seu guru. Ele pode ensinar-lhe tudo que você precisa saber a respeito de seu passado e futuro. Você já se rotulou de fracassado? Em algum momento já transformou o fracasso em uma característica pessoal? Pare imediatamente. Você está impedindo que idéias valiosas cheguem a sua consciência e não está deixando que você reapareça. Rotule-se à luz de uma análise mais proveitosa. Quando a revista *Talk* parou de circular, a editora Tina Brown disse: "Ninguém é mais entediante do que uma pessoa que nunca sofreu uma derrota. Qualquer carreira longa e importante tem pelo menos um fracasso em sua história".

3. *Enfrente seus demônios.*
Enfrente o medo do fracasso. Conscientize-se dele. Olhe-o bem nos olhos; encare-o. Qual é exatamente o poder que ele tem sobre você? Faça uma lista agora: "O que eu mais temo no

fracasso é...". É bem melhor expressar o medo do fracasso do que deixá-lo vagar incontrolado em sua psique. Quando você enfrenta seus demônios, imediatamente eles perdem o poder sobre você. Ria deles. Enquanto você se ergue, eles tombam. Você é maior do que eles. Agora, volte a atenção para o resultado que você *realmente* quer. Concentre-se exclusivamente no sucesso que você deseja. Sempre que um demônio se agitar, agarre-o, enfrente-o e siga adiante. Você destruirá o medo no momento em que fizer exatamente o que receia. Há séculos, Sêneca disse: "Não é porque certas coisas são difíceis que deixamos de ousar; é por falta de ousadia que tais coisas são difíceis".

4. *Corra mais riscos.*
Não fique ansioso querendo ser perfeito. Se as coisas não derem certo, você se divertiu enquanto tentava. Certifique-se de que não está preocupado com o que as outras pessoas podem dizer ou pensar de você. Os vizinhos são tão importantes assim? O empresário Simon Woodroffe, dono do Yo! Sushi, tem a idéia certa: "Se tudo desse errado, eu poderia ganhar a vida apenas falando sobre como tudo deu errado". Corra mais riscos. Não se chega a nenhum lugar, não se faz nada interessante sem correr riscos. A questão é: o que vale a pena arriscar? Você pode conviver com o risco de não fazer nada e correr o risco de nada mudar? O truque é correr riscos controlados. Analise os possíveis benefícios e desvantagens de entrar em ação e compare-os com as possíveis conseqüências de não fazer nada.

5. *Sucesso gera sucesso.*
Mas somente se você reparar em seu sucesso, porque neste caso você pode alimentar-se dele. Se ele for invisível para você, não poderá usá-lo adequadamente. Você não poderá crescer a partir dele. Você é uma pessoa bem-sucedida? Claro que é. Dê uma olhada em si mesmo. Quais são algumas de suas melhores realizações? Examine sua *vida* e não apenas

170

o dinheiro e a carreira. Você já foi um grande amigo, parceiro, pai ou mãe? Você já fez uma enorme diferença para alguém? Claro que já. Você é uma *pessoa* bem-sucedida. Não se destrua.

Lembre-se de que, em última instância, não existe o fracasso; apenas ações e conseqüências. É sua *interpretação* que rotula as coisas de sucesso ou fracasso. Tenha uma interpretação *produtiva* de você mesmo e de sua vida. Quem diz que você é um sucesso ou um fracasso? Você. Qual é seu rótulo? Vamos lá, escolha. Escolha com sabedoria.

Escolha o sucesso!

Capítulo 19

Seja Feliz

Eu costumava zombar das pessoas felizes. Eu as considerava superficiais, vazias e na verdade bastante ignorantes. Só Deus sabe como eu era infeliz. O problema é que eu achava que era meu dever ser triste. Era a única postura adequada nas circunstâncias. Eu não tinha o direito de ser feliz, ninguém tinha. Como alguém podia sorrir quando o mundo estava naquela situação? Enfrentávamos a fome, a pobreza no Terceiro Mundo, a corrida armamentista, Margaret Thatcher, Ronald Reagan, Arthur Scargill e os mineiros, mísseis em nossos condados, a aniquilação nuclear ao toque de um botão. O que poderia nos fazer sorrir? Uma expressão triste e abatida era a única reação sensata.

Comecei a ficar cada vez mais cansada, passando dias na cama. Salvar o mundo estava simplesmente acabando comigo. Eu não conseguia enxergar nenhuma esperança de mudança, não havia bondade suficiente no mundo, pelo menos era o que eu pensava. Eu andava com jovens cheios do que era conhecido na época como culpa da classe média, arrependidos por ter tido uma vida tão fácil. Eles certamente estavam compensando isso agora. Não me entenda mal. Todas as causas com as quais eu estava envolvida eram, e ainda são, meritórias. Eu apenas tinha assumido o fardo do mundo inteiro em regime de tempo integral e, aos 26 anos, sentia-me idosa.

Foi aí que tomei uma decisão. Eu ia ser feliz; foi assim, de repente. Eu estava cansada de ser infeliz. Compreendi que há realmente algo que se chama anseio de vida, e encontrei o meu. Eu queria viver, queria ser feliz. Foi uma decisão monumental porque significava que tudo em minha vida teria de mudar. Estar certa já não era importante para mim. Eu só queria ser feliz. Eu teria de recomeçar, deixar tudo e todos para trás, assumir uma nova identidade. Eu morava na época com revolucionários que consideravam "burguês" meu interesse por terapias alternativas, o concerto *Live Aid* um recurso publicitário para chamar atenção e Louise Hay uma lunática delirante. Eu tinha de seguir em frente.

Deixei minha antiga vida para trás e fui morar sozinha. Eu tinha um namorado que fez a transição comigo, mas foi só isso. A seguir, teve início o verdadeiro trabalho de tornar-me uma pessoa feliz. Planejei-o meticulosamente. Li apenas livros motivadores. Abandonei os jornais durante um mês. Dediquei-me a aprofundar meus conhecimentos de massagem e meditação. Inscrevi-me em todos os cursos motivacionais que consegui encontrar. O maior choque foi conhecer pessoas inteligentes, sorridentes e felizes. Exercitei-me na prática do sorriso, e parei de me sentir tão cansada. Mudei minha aparência e a maneira como encarava o mundo. Passei a ver esperança em todos os lugares. Abri um negócio de massagem e, após um mês, depois que uma revista teceu milhões de elogios a meu trabalho, eu já tinha uma lista de espera. Ganhei dinheiro, comecei a freqüentar restaurantes e comprei um carro. Ensinei a mim mesma a pensar como um otimista. Certo dia, percebi que me sentia feliz. Um jornalista escreveu que possivelmente eu era uma das pessoas mais positivas do planeta; sorri para mim mesma quando li isso. Foi preciso muito esforço para chegar aqui!

A felicidade começa com uma decisão. Você não precisa chegar a extremos como eu. Depende de quão infeliz você é. Eu tive de tomar medidas drásticas; espero que você não precise. Mas existe certamente muita felicidade por aí. Você pode até mesmo inscrever-se em um curso "como ser feliz" ou em um seminário do riso. O site da Amazon tem centenas de livros sobre felicidade. As pesquisas indicam que não somos mais felizes do que as gerações anteriores, apesar de termos mais escolhas, oportunidades e liberdade. Na verdade, as pesquisas demonstraram que quem nasceu depois da Segunda Guerra Mundial tem uma chance dez vezes maior de ter depressão do que aquele que nasceu antes da guerra.

Normalmente as pessoas que imaginamos ser extremamente felizes são infelizes. Descobriu-se que os astros e as estrelas do rock, que certamente têm tudo que querem na vida, sofrem de Síndrome do Paraíso, caracterizada por tédio letárgico, apatia e insatisfação, que parece surgir quando tudo que se deseja está à disposição. Jessie O'Neill, herdeira de uma fortuna de 350 milhões de dólares, até mesmo oferece consultas nos Estados Unidos (segundo se acredita a mil dólares por dia) para as pessoas extremamente ricas que sofrem, segundo ela, de "doença da abundância". Essa "doença" se agrava porque nunca sabemos se as pessoas gostam realmente de nós ou estão atrás de nosso dinheiro, e também por não precisarmos de uma estrutura, propósito ou motivação na vida. O dinheiro compra casa e comida, e uma vida de luxo, mas não necessariamente a felicidade. Os Estados Unidos, por exemplo, estão muito mais ricos do que na década de 50, mas a quantidade de pessoas que afirma ser feliz hoje é a mesma daquela época.

O psicólogo Oliver James escreveu um livro inteiro sobre o assunto. Em *Britain on the Couch*, ele argumenta que o estilo de vida britânico atual é nocivo para a saúde mental e que, à medida que enriquecemos, elevamos nossos padrões e aumentamos nossas expectativas. O fato de nos compararmos sempre com os outros gera permanente insatisfação. Esse estado se chama privação relativa. Pude constatá-lo recentemente, quando conheci uma executiva da área financeira, de 42 anos, com um desses "invejáveis" estilos de vida. Fiquei boquiaberta ao saber sobre sua vida. Ela era um fenômeno de A a Z. Ela tinha uma casa fabulosa em Chelsea, diplomas de Oxford e da Sorbonne, governanta, motorista particular para levá-la ao escritório e tudo o mais. No entanto, ela falava como se fosse pobre. Ela não se considerava rica. Segundo os padrões da sociedade, ela era uma "vencedora". Perguntei-lhe com quem ela estava se comparando e, exatamente como eu previa, era com os milionários, os que tinham jatinhos particulares. Comparada a eles, ela se sentia uma "perdedora". Ela era feliz? Na verdade, não. Até mesmo "a mais bela mulher do mundo", que se casou com "o melhor partido de todos", foi atormentada a maior parte da vida pelo ódio que sentia por si mesma e por distúrbios alimentares. A falecida princesa Diana talvez tenha passado anos comparando-se com muitas mulheres, o que a fez se sentir inadequada e insegura. O mais impressionante é que ela se achava gorda e feia, em comparação com modelos e atrizes. Somente nos últimos anos de vida ela passou a se aceitar e admirar, o que lhe proporcionou uma felicidade genuína.

A felicidade não pode ser comprada no shopping center. É por esse motivo que eles parecem tão desprovidos de calor humano. A "terapia" do consumo é um medicamento cujo efeito é de curta duração, um entusiasmo temporário que não atinge as partes que você desejaria. Encontrar o sapato perfeito nos faz ficar animados, mas a vida *tem* de ser mais do que fazer compras. Mas não para muitas pessoas. Na Inglaterra, é o que mais gostamos de fazer nas horas de lazer.

Ter uma bolsa Mombasa, de Yves Saint Laurent, "a bolsa mais desejada do mundo", segundo o *Daily Mail*, demonstra que você é uma pessoa que "está sempre por dentro: você reconhece os artigos que simplesmente não pode deixar de ter quando vê um deles". As botas Marc Jacobs, as sandálias de salto anabela Miu Miu fazem você se destacar, colocam você no time dos fanáticos da moda, na primeira fila dos desfiles. Você pertence ao grupo de celebridades da moda. Mas por quanto tempo? Em breve tudo estará "ultrapassado", "por fora" etc. O *status* de comprar não nos proporciona uma satisfação profunda. Isso se chama pobreza espiritual.

Mas se muito dinheiro e compras não trazem felicidade, o que traz então? As pessoas muito ricas que permanecem sadias são aquelas que têm consciência de sua sorte, que usam a fama e a riqueza para uma boa finalidade. Elas encontraram algo mais duradouro do que a mera busca do poder e da posição. Os jogadores da elite do futebol ocupam os noticiários por causa de aventuras fora do campo. Mais de vinte jogadores que ganham entre 20 e 90 mil libras por semana não têm conseguido lidar muito bem com a situação. Recentemente, no entanto, alguns começaram a resistir a essa tendência. Há pouco tempo, alguns dos jogadores mais famosos ocuparam os noticiários pela doação de grandes quantias para obras de caridade. Niall Quinn, do Sunderland, foi elogiado no Parlamento pela doação de um milhão de libras para instituições de caridade que cuidam de crianças com doenças terminais; Gary Kelly, do Leeds United, doou 500 mil libras para instituições de caridade que ajudam pessoas com câncer na Irlanda; e Tony Adams, jogador da defesa do Highbury, doou a mesma quantia ao Sporting Chance, uma instituição de caridade criada por ele para ajudar jogadores de futebol viciados em álcool e drogas. "Na vida, sempre dei mais valor a outras coisas do que ao dinheiro. Decidi fazer isso há muito tempo... e a reação que obtive realmente me emocionou", declarou Niall.

Jemima Khan, a glamourosa esposa do ex-jogador de críquete Imran Khan e filha do falecido bilionário James Goldsmith, esteve nos noticiários não por ter comparecido a festas de celebridades ou pré-estréias, mas para chamar atenção à difícil situação dos refugiados na fronteira do Afeganistão que escapavam da seca e do Talibã. Antes que as organizações de ajuda internacional e Kofi Annan, da ONU, tivessem alcançado 80 mil pessoas, Jemima já tinha visitado duas vezes o país, distribuído centenas de tendas para famílias que estavam morando debaixo de plásticos e acabara de criar um fundo para fornecer tendas e latrinas para as restantes.

É fácil ser cético com relação às celebridades bondosas, mas acredito que seus esforços sejam na maioria das vezes altruístas. A lista dos ricos e famosos que genuinamente se importam com o mundo além do delas é impressionante: Elizabeth Taylor, Pierce Brosnan, Robbie Williams, Bono, Bianca Jagger, Susan Sarandon, Tim Robbins, Martin Sheen. A benevolência e contribuição dessas pessoas lhes proporcionam uma satisfação que o dinheiro não poderia comprar. Não é possível que elas tenham compreendido uma coisa que muitos não entenderam, ou seja, que uma vida feliz encerra mais coisas do que a mera acumulação de poder e riquezas? Será que esta é uma parte da razão pela qual as pessoas eram mais felizes nos anos 50? Elas tinham passado pela recente experiência de unir-se para defender a si mesmas e aos outros de um inimigo comum. O esforço de guerra havia exigido que as pessoas fizessem sacrifícios e se concentrassem em questões mais importantes. A Inglaterra do pós-guerra ainda estava num esforço conjunto para construir um país "feito para heróis". A privação relativa ainda estava muito distante.

Os mestres espirituais e os grandes estadistas com freqüência são as pessoas mais alegres, mesmo quando as circunstâncias em que se encontram não são nada favoráveis. Praticamente todas as vezes que vemos o Dalai Lama ele está rindo ou sorrindo. Ele faz com que todo mundo a sua volta tenha vontade de sorrir. O Dalai Lama é provavelmente uma das poucas pessoas no mundo que responderá com um "sim" incondicional se lhe perguntarem se é feliz, apesar de ter perdido seu país. Mais do que isso, ele nos dirá que a felicidade é o propósito fundamental da vida. Os pensadores ocidentais, de Aristóteles a William James, concordavam com essa idéia. Mas uma vida baseada na busca da felicidade pessoal não deixa a pessoa egocêntrica, até mesmo narcisista? Não necessariamente. Muitas pesquisas de opinião demonstraram que as pessoas infelizes é que tendem a pensar mais em si mesmas. As pessoas felizes, no entanto, revelaram-se mais sociáveis, criativas, flexíveis e capazes de tolerar mais facilmente as frustrações da vida do dia-a-dia. O mais importante é que se constatou que são mais carinhosas e capazes de perdoar do que as pessoas infelizes. Tanto as provas científicas quanto nossa experiência pessoal nos dizem que existe uma íntima conexão entre a felicidade pessoal e a bondade para com os outros.

No livro *A Arte da Felicidade*, o Dalai Lama fala da importância de nossa perspectiva e de nosso estado mental para determinar o nível de felicidade independentemente de nossas condições. Ele argumenta que nossa maneira de ver as coisas pode ser modificada se deliberadamente desenvolvermos uma compaixão e serenidade interior que não seja afetada pelas mudanças nas circunstâncias materiais. Quanto maior sua tranqüilidade mental, quanto maior sua paz de espírito, maior sua capacidade de desfrutar uma vida alegre e feliz. "Se você possui essa qualidade interior, a tranqüilidade mental, certo grau de estabilidade interna, mesmo que careça de várias comodidades externas que normalmente consideraria necessárias para a felicidade, ainda pode ter uma vida alegre e feliz!".

O Dalai Lama dá preferência a dois métodos para a conquista da satisfação interior. O primeiro é aprender a admirar o que já se tem, a tomar a decisão consciente de ser mais contente agora. A outra fonte de felicidade estreitamente relacionada ao contentamento é a auto-estima. Ele argumenta que somos seres humanos dentro da comunidade humana, e esse vínculo humano é suficiente para dar origem a um sentimento de auto-estima e dignidade, que não tem nenhuma relação com a condição econômica e o sucesso financeiro.

Nelson Mandela é outra pessoa que está sempre muito alegre e bem-disposta. É fácil esquecer que ele ficou preso em Robben Island durante quase trinta anos. Quando Bill Clinton conheceu Mandela, perguntou-lhe como podia ser tão tranqüilo e sereno. Clinton deve, sem dúvida, ter-lhe perguntado se não sentia raiva e necessidade de vingança. Mandela explicou que a vingança era irrelevante. Ele pensou na dor e no sofrimento daqueles que o tinham feito sofrer, esqueceu-se deles e seguiu em frente em vez de desperdiçar energia em pensamentos ou ações de vingança. Ele preferia a felicidade.

SEJA FELIZ

1. *Escolha a felicidade.*
Essa escolha começa com uma decisão. Não a adie até ter o emprego, o homem, a mulher ou o corpo perfeito. Comece

neste exato momento a sorrir, a adotar a felicidade como estado natural, independentemente das circunstâncias em que você se encontre. Em vez de procurar a felicidade, procure razões para ser feliz. Cultive os pequenos momentos que lhe proporcionam alegria, prazer e satisfação. Valorize-os, admire-os. Torne-os parte da vida do dia-a-dia. Tudo isso faz sentido.

2. *Seja responsável por cultivar a felicidade pessoal.*
Elimine as condições que tornam difícil a felicidade. Se você estiver preso a um emprego ou relacionamento que detesta, é difícil sentir-se feliz. O ressentimento e a amargura atrapalham a expansão da felicidade. Não viva se lamentando, nem seja um mártir. Faça algo.

3. *Controle a inveja.*
Sentir que seu desempenho nunca é satisfatório, que você é inferior ao se comparar com outras pessoas, é prejudicial ao espírito. Lembre-se de que, em comparação com os outros, você tem muitas coisas na vida, coisas realmente maravilhosas. Sua situação é ótima. Sempre haverá alguém de quem você poderia sentir inveja; não escolha isso. Administre suas aspirações e ambições. Não permita que elas façam você se sentir em desvantagem, inferior ou por baixo. Pense de uma maneira sensata e razoável.

4. *Expanda os horizontes.*
Procure companhia e participe de comunidades. Tenha um grupo de pelo menos quatro pessoas ótimas com quem se divirta e divida o que sente. Ligue-se a pessoas com quem você tenha um objetivo em comum. Envolva-se com algo importante fora de sua profissão. Não vise ao lucro. A bondade e generosidade do espírito não custam nada. O retorno será mais profundidade, significado e propósito na vida. *Você será* o verdadeiro beneficiário.

5. *Cultive a compaixão.*
Demonstre-a para si mesmo antes de tentar compartilhá-la com os outros. A felicidade pessoal é seu direito e sua responsabilidade. Tenha respeito, consideração e dedicação por si mesmo e assuma a responsabilidade de ajudar-se a se tornar tudo que pode ser. A sempre exuberante Tina Turner fez a seguinte declaração a respeito da felicidade: "Desde criança, fui contemplada com a capacidade de me fazer feliz. Nunca dependi de outra pessoa para isso. Sempre ofereci a mim mesma certa quantidade de amor, porque nem sempre o amor estava no mundo exterior, e nunca tive o hábito de alimentar pensamentos negativos ou memórias desagradáveis. É por isso que sou uma pessoa feliz". Fabuloso!

Faça o que precisa ser feito. Mas, seja como for,

Seja feliz!

Capítulo 20

Relaxe — não Lute

A vida não foi feita para lutas. Ou será que foi? O que *você* acha? Como é a sua? Se você achar que foi, ela será e se você achar que não foi, ela não será. É tão simples assim? Creio que sim. Sua vida é a soma de seus pensamentos e convicções a respeito dela. A vida é da maneira que você acha que ela deve ser. Se você aprendeu que a vida é uma luta, assim ela será. Uma idéia muito arraigada sobre o jeito que a vida é pode guiá-lo durante toda sua existência — até que você a veja e faça algo a respeito. Até lá, a vida é exatamente o que você foi levado a acreditar. Na maioria dos casos, é provável que ela seja "difícil".

Esta é uma idéia defendida por muitos e certamente não é nova. Maquiavel é o filósofo preferido das pessoas que lutam (os batalhadores). Em sua obra clássica, *O Príncipe*, a bíblia dos batalhadores, ele escreveu: "O homem é o lobo para o homem... os homens comem uns aos outros". Embora essa possa ter sido a realidade dele na Florença do século XVI, a guerra e o conflito não precisam fazer parte de sua vida no século XXI. Outro grande e influente batalhador, Thomas Hobbes, que escreveu na Inglaterra do século XVII, é famoso pela frase de que a vida é "sórdida, embrutecida e curta". Os batalhadores atuais apresentam suas pérolas de simplicidade: "O homem nasceu para sofrer", "Não se consegue nada de graça", "A vida é só trabalhar e morrer", "Vivemos em um mundo cão".

Não me entenda mal. Não estou dizendo que a vida é sempre fácil, que não devemos ser pessoas dedicadas e esforçadas. A vida é um grande desafio que enfrentamos continuamente. Quanto mais relaxamos e seguimos seu fluxo, mais eficazes, criativos e eficientes seremos — em tudo. Imagine um surfista de pé, parado, sobre a prancha. Quando é envolvido por uma enorme onda, ele permanece relaxado, quase imóvel, e se deixa carregar pela força da água. Se ficasse tenso, cairia. Quanto mais relaxado e concentrado ele fica, melhor seu desempenho. O mesmo se aplica a tudo na vida, ou seja, quando dirigimos, almoçamos e tomamos decisões importantes. Se você lutar e fizer um esforço excessivo, cria resistência e oposição. A luta torna a vida desnecessária e difícil. Com ela, não há alegria e raramente alguma recompensa. Na verdade, para algumas pessoas a luta *é* a recompensa. Elas estão tão acostumadas a fazer da vida uma batalha, que a luta é o estado natural delas. Sem a luta, essas pessoas ficam um pouco perdidas. O que conhecemos nos proporciona conforto, e a luta pode parecer virtude. Você está sendo um cidadão exemplar, lidando com o meio ambiente, com o caminho até o trabalho, com o trabalho em si, os colegas; com as crianças e o dever de casa. Você cai na cama exausto, mas virtuoso. Não importa que você não sinta muito prazer em nada disso ou que esteja deixando seus filhos esgotados. A vida é assim, ela não foi feita para ser divertida! Claro que não estou falando de você, mas muitas pessoas vivem desse jeito. Elas estão por toda parte. Talvez neste exato momento esteja sentado ao lado de um batalhador. É possível que você tenha sido criado por um ou dois deles. O importante é vencer, não lutar e batalhar.

Fui procurada por Josh, de 29 anos. Ele fora criado na luta. Seus pais eram batalhadores, embora sua mãe depois tivesse se tornado uma pessoa mais descontraída. Ele era incrivelmente bem-sucedido e muito infeliz. Na teoria, ele parecia magnífico. Um currículo esplêndido, boas notas, a faculdade certa, uma carreira excelente como consultor administrativo, um apartamento de solteiro na zona oeste de Londres, futuro garantido. Mas tudo era uma luta. Ele detestava o que fazia e o que se tornara. Não conseguia enxergar nenhuma alternativa. Afinal, não era essa a natureza da vida, do trabalho? Nós simplesmente vamos levando. O pai dele sempre dizia: "O trabalho árduo traz recompensas". Josh não estava convencido.

Pusemos mão à obra, modificando a vida de Josh de dentro para fora. Para começar, Josh precisava crescer. Na sua idade, já estava na hora de ter sua própria filosofia de vida, que não considerasse a luta inevitável ou nobre. Ele começou a ver que a vida não tinha de ser uma batalha. Ela é sempre um estado mental, e a realidade segue esse estado. Ele chegou à conclusão de que a luta representava o conflito, um indicativo de que algo estava em desarmonia, um alerta para si mesmo. Em outras palavras, batalhar não era seu modo de agir preferido. A seguir, examinamos como seria sua vida sem a luta. Ela seria na verdade tão fácil, óbvia e direta que ele pediu demissão no dia seguinte, não que eu o tenha aconselhado a fazê-lo. Quando ele se deu conta de como sua vida poderia ser fácil, não pôde esperar nem mais um minuto. Depois de um mês, ele estava trabalhando três dias por semana, como autônomo, ganhando a mesma quantia que recebia trabalhando cinco dias por semana. Ele fazendo um curso de música, de culinária italiana e de degustação de vinhos; está procurando uma namorada, fazendo novos amigos e correndo no parque. Ele tem agora uma vida e está construindo um futuro baseado no que é certo e verdadeiro para ele. Seu maior desafio foi acreditar que era possível não fazer absolutamente nada às sextas-feiras sem se sentir culpado, e conseguir lidar com o desgosto do pai!

Você torna a vida mais difícil para si mesmo, mais do que ela precisa ser? Você cria uma luta e um estresse desnecessários para si mesmo? Se você faz isso, faz parte da maioria, especialmente se vive e trabalha numa metrópole. Segundo um novo relatório da Sociedade Industrial, os homens ingleses cumprem a jornada de trabalho mais longa da Europa: 47 horas (as mulheres inglesas trabalham 43). Não somos mais eficientes e temos o índice de divórcios mais elevado. É um esforço muito grande que nem mesmo é produtivo. Mas essa é a natureza da luta. Um número cada vez maior de homens e mulheres, muitos na casa dos vinte e dos trinta anos, são considerados clinicamente viciados em trabalho, para os quais o trabalho é a nova droga. Um terço dos pais de crianças pequenas na Grã-Bretanha admitem trabalhar mais de cinqüenta horas por semana. Em média, o homem americano passa apenas 25 minutos por semana com os filhos, e no entanto os pais americanos colocam as crianças no topo de sua lista de prioridades. No *best-seller O Homem que Confundiu Seu Trabalho com a Vida*, Jonathon Lazear, um agente literário nova-iorquino bem-sucedido, argumenta que as pessoas que trabalham demais são tão culpadas de delinqüência social quanto os vagabundos que simplesmente não trabalham.

De onde veio a idéia de que o trabalho é o ponto de convergência da vida? Os antigos gregos consideravam o trabalho uma tragédia e o chamaram de *ponos*, que significa desgosto. Na verdade, ao longo da maior parte da história, o trabalho remunerado tem sido desdenhado pelas pessoas com uma posição ou inteligência suficiente para evitá-lo. Foi somente no século XVI que os calvinistas começaram a falar da noção de uma "ética do trabalho", que era considerado agradável ao Todo-Poderoso e útil e benéfico para a humanidade. No Japão do século XXI, foi criada uma nova lei chamada "karoshi": se uma pessoa morrer por excesso de trabalho, o chefe dela vai para a cadeia. Interessante!

Também passamos o estresse e a luta para nossos filhos. Em uma pesquisa realizada na Universidade da Cidade de Londres, em 2002, verificaram-se níveis "alarmantes" de estresse em crianças. "Se há vinte anos você fizesse perguntas sobre estresse a crianças de oito anos, elas teriam ficado perplexas. Hoje, um número significativo de crianças afirma ter estresse", disse o professor Stephen Palmer, orientador da pesquisa. A autora Karen Sullivan entrevistou muitas dessas crianças para a elaboração de seu livro *Kids Under Pressure* (Crianças sob Pressão). Ela acredita que as crianças ficam estressadas com freqüência porque os pais sobrecarregam a programação da vida delas, inscrevendo-as em inúmeras atividades como francês e alemão para crianças que mal começaram a andar, cursos de computador e aulas de música. "Espera-se que as crianças, assim como os adultos, estejam ocupadas e ativamente envolvidas em algo na maior parte do tempo que passam acordadas. Elas perdem muitas coisas que associaríamos a uma infância normal, como ficar entediadas e passar momentos no jardim sem fazer nada". O serviço britânico de assistência a crianças, Childline, em 2001 recebeu 783 ligações de jovens com menos de dezesseis anos relacionadas com o estresse das provas. Uma em cada sete chamadas foi de crianças com menos de treze anos. Ao mesmo tempo, o governo introduziu "metas de aprendizado precoce" para crianças de três anos, e esta geração de estudantes é a que mais está sendo posta à prova. Quanto mais infelizes e insatisfeitos nós somos, mais queremos que nossos filhos se destaquem e sejam melhores do que nós.

As pessoas influentes e poderosas do mundo atual deliciam-se com uma agenda agitada que lhes confere *status*, importância e sentimento tranqüilizador de que são necessárias. As pessoas do Henley Centre, uma consultoria que identifica as tendências dos hábitos de consumo, chamam isso de "inveja do estresse" e observam que a vida poderosa e cheia de energia foi exaltada em programas de televisão como *ER, Ally McBeal* e *The West Wing*. No entanto, uma quantidade maior de trabalho nem sempre significa um trabalho de melhor qualidade. O fato de os franceses terem limitado a jornada semanal de trabalho a 35 horas tornou a França industrialmente mais competitiva. Todos já ouvimos falar na lei de Parkinson, que diz que o trabalho se expande para preencher o tempo disponível para sua conclusão, o que é verdade. A maioria das pessoas que trabalha longas horas tende a ser dispersa, esforçando-se mais do que o necessário para fazer as coisas. O excesso de empenho e de produção, a falta de confiança em si mesmo tornam a vida difícil. Tudo isso faz você perder tempo, é desgastante, não funciona, nem vai lhe proporcionar a glória que você deseja. E envia a mensagem de que *você* não está totalmente confiante ou convencido de suas habilidades. Ficar no trabalho até as sete e meia da noite, ou fazer um relatório de três páginas quando uma página seria suficiente, é produzir demais. Fazer 120 por cento não é melhor do que 85 por cento, porque 80 ou 85 por cento ainda representa um excelente desempenho. Oferecer mais do que isso deixa você nervoso. A transpiração gera pressão; menos teria sido melhor. Você está lutando, essa atitude pode lhe render solidariedade, mas não uma promoção.

Observo particularmente este fato no caso das mulheres que seguem carreiras onde há muita pressão. Tentar demais nunca funciona. Se nos *pegam* fazendo um esforço excessivo é ainda pior, isso deixa as pessoas preocupadas. A melhor maneira de superar essa situação e tornar a vida mais fácil é parar de tentar impressionar os outros ou insinuar-se para conquistar a boa vontade deles. Se você está sendo pago para fazer um trabalho, aceite que está à altura dele ou que logo terá a capacidade de executá-lo da melhor maneira possível. Dizer a si mesmo que você é incapaz e fazer um esforço exagerado para ter um desempenho adequado é exaustivo e não lhe granjeia nenhuma simpatia. Nesse estado mental, você perde energia a cada minuto. Recue. Fique calmo, assuma o controle de seu estado interior. Comporte-se como se tivesse muita confiança em sua capacidade. Lembre-se de que você não precisa saber tudo. Na verdade, não existe nada mais maçante e transparente do que o sabichão. Ele é apenas alguém tentando ser maior do que na verdade acha que é. Você não é assim, tem espírito suficiente para ser receptivo a opiniões, pedir conselhos e depois tomar suas decisões. O pensamento amedrontado e frenético requer uma enorme quantidade de energia, além de dissipar a criatividade e eliminar a alegria de vida. Você nada tem a esconder, nada a ocultar. Sua identidade e consciência do eu estão completamente intatas. Eles não dependem de um sorriso de aprovação ou de um afago de outra pessoa. Você não anseia por ser aceito, é por demais autêntico para nutrir esse sentimento. Não confunda essa atitude com arrogância ou indiferença, ela implica ser *intocado*. É executar o trabalho sem a complicação a mais do esforço excessivo. Tentar demais cria o estresse e deixa todo mundo confuso. Você não é o único a sofrer, pois a ansiedade é contagiante. Você contamina os outros, e ninguém ganha.

Não há necessidade de fazer isso. Você é bom o suficiente, ponto final.

RELAXE — NÃO LUTE

1. *Identifique a luta em sua vida.*
Lutar é uma resposta programada, de modo que você pode estar lutando sem se dar conta disso. Faça uma inspeção diária e constante em todos os aspectos de sua vida, para ver o quanto está batalhando. Em que áreas você luta? Avalie o que vale a pena e o que é uma luta desnecessária. Ir até o restaurante mais badalado do momento, encontrar um lugar para estacionar e depois voltar a tempo porque a *baby-sitter* tem de ir embora é um esforço excessivo. Vale a pena? Ir até a pizzaria da esquina pode ser menos sofisticado, mas bem mais fácil. Você está lutando consigo mesmo? Você está preso na batalha, obrigando-se a se encaixar em um emprego ou estilo de vida que não se consolida? Comprimir-se e contorcer-se para fazer algo a contragosto é o maior esforço que se pode fazer. As coisas realmente têm de ser assim? Os batalhadores dizem que sim; você sabe que tem opções.

2. *Qual é sua filosofia?*
Você é, no fundo, um calvinista? Você considera a luta e o suor nobres, naturais e inevitáveis? Você tem apego emocional a uma vida difícil? Para você, o contrário é ser preguiçoso e apático? Se você foi criado na luta, poderá demorar a reprogramar suas atitudes e ter uma existência mais despreocupada. Quando o esforço excessivo se dissipa, sua nova disposição positiva e calma interior atraem mais essas qualidades para você. Você passa a entender o que significa "ser levado pela corrente". Abandone a idéia de que as pessoas relaxadas não podem ter um desempenho magnífico. Ser livre e relaxado lhe possibilita enxergar as coisas com maior clareza, para poder concentrar-se e alcançar seus objetivos. Repita sempre: "Quanto mais relaxado eu fico, mais coisas faço".

3. *Aumente sua quota de prazer.*
Refine e reabilite seus sentidos freqüentando exposições de arte ou assistindo a concertos. Quase todas as composições de Mozart induzem ao bom humor; assim, ouça *Eine kleine Nachtmusik* e absorva a melodia. Procure a beleza por toda parte. Pode ser uma folha voando na brisa ou a luz do sol refletindo no piso molhado. Vá pelo caminho pitoresco e não pelo mais curto. Deixe de ir ao hipermercado e faça as compras em seu bairro. Permita-se pequenos luxos com freqüência. Faça uma massagem. Planeje momentos para não fazer nada — ler um romance, passar a metade do dia na cama, uma hora na banheira ou assistir a um ótimo filme em casa. Tudo isso faz parte de uma vida de qualidade. Viver bem não exige dinheiro — é um gosto que se adquire.

4. *Descontraia-se.*
Ria mais, porque isso é realmente o melhor remédio. O acesso de riso libera endorfinas, as substâncias que fazem o corpo se sentir bem, alivia a dor e fortalece o sistema imunológico. Você inspira seis vezes mais oxigênio quando ri, o que também faz você se sentir eufórico. Em média, uma criança de seis anos ri trezentas vezes por dia, mas na idade adulta a contagem diária cai para 47. Assista a uma comédia no teatro. Assista a um filme de comédia. Mantenha o coração leve e o ânimo elevado. O otimismo, a confiança e a auto-estima dependem de níveis saudáveis da substância química do cérebro chamada serotonina. O estresse esgota essa substância, de modo que você deve mantê-lo sob controle.

5. *Exercite-se menos.*
Os batalhadores fazem do exercício um trabalho árduo. Isso não é necessário. A abordagem "nada se consegue sem esforço" é a maneira certa de chegar à exaustão. O excesso de exercício desgasta o corpo mais depressa do que ele é capaz de se restaurar e reabastecer. Se você quer perder peso, viver mais tempo e ter uma boa aparência, opte pelo exercício re-

gular e moderado. E ele fará você sorrir! Até mesmo caminhar todos os dias durante trinta minutos o deixará de bom humor mais rápido do que os antidepressivos. Exercite-se a ponto de sentir-se eufórico, mas não exausto.

Aprenda a desligar-se. Pratique um passeio sem rumo nem pressa. "O que é a vida se, cheios de preocupação, não temos tempo para a contemplação", indagou o poeta W. H. Davies quase um século atrás. Seja menos duro consigo mesmo. No final das contas, você não vai se arrepender. Vá em frente.

Relaxe! Não lute!

Capítulo 21

Tenha Grandes Idéias

As pessoas excepcionais estão por toda parte. Elas vêm em todos os formatos e tamanhos, todo mundo conhece alguém desse tipo. As pessoas excepcionais nascem dessa maneira. Já começam assim, têm uma grandeza inata, inerente. É como se tivessem se conectado à imagem maior sem ter de pensar sobre isso. São expansivas, generosas e possuem um espírito grande e bondoso. Nada disso tem relação com riqueza ou criação privilegiada, mas sim com caráter. Você pode desenvolver o seu. Você pode escolher crescer com seu caráter e seu espírito para acentuar as qualidades com as quais nasceu; é bem provável que você já seja uma pessoa excepcional.

A grandeza é uma maneira de ver o mundo. É uma recusa em deixar qualquer coisa ou qualquer pessoa reduzir seu tamanho. As pessoas muitas vezes tornam-se debilitadas com a experiência e a idade. Elas perdem o frescor; ficam desanimadas, entediadas, esgotadas. Passam a ter uma visão deformada da vida e das outras pessoas, e opinam sobre tudo. As pessoas excepcionais não são assim. Elas permanecem exuberantes, sempre dão a impressão de estar alegres e cheias de energia. Elas deixam transparecer esse sentimento porque estão mais vivas do que a pessoa comum. Elas são mais vibrantes do que a pessoa medíocre. São interessantes e atraentes em qualquer idade; são tão extraordi-

192

nárias aos noventa anos quanto eram aos vinte ou trinta anos. Não é que elas não tenham tido decepções e desapontamentos, mas sim que resistem a deixar-se dominar pela amargura. Elas se recusam a mergulhar na apatia, na resignação ou no ressentimento, por maior que seja a tentação. Elas sabem que esses sentimentos levam à mediocridade, à estreiteza e à mesquinhez. Manter os horizontes amplos e abertos é mais importante. É essa gloriosa independência que as torna tão interessantes. Elas são não-conformistas, pensadores originais e genuínos. É isso que as faz sobressair entre as pessoas medíocres.

Sócrates, Cristo, Galileu, Joana d'Arc, Colombo, Abraham Lincoln, Thomas Jefferson, Gandhi, Martin Luther King, nossos livros de história estão repletos de biografias de homens e mulheres excepcionais, com grandes idéias, que foram derrubados — literal ou figuradamente — por pessoas medíocres. Estas riram deles, os encarceraram ou mataram a tiros. Mas o mundo precisa de pessoas excepcionais; pessoas generosas, com princípios, entusiásticas, e abertas a pensar e agir de uma maneira nova para resolver problemas e aproveitar oportunidades. Temos grandes problemas e precisamos de grandes soluções. Necessitamos de pessoas capazes de enxergar um mundo melhor além das condições vigentes, além da situação em que se encontram.

A "pessoa medíocre" não é necessariamente alguém que tem uma posição ou título inferior, ou pouco dinheiro ou instrução. A pessoa medíocre é freqüentemente bondosa, trabalhadora e um excelente amigo. O que a torna uma pessoa medíocre é o fato de encarar a vida de uma forma limitada. A pessoa medíocre não enxerga muito além de sua própria vida, organização, tempo ou lugar. Ela evita a mudança, agarrando-se às coisas do jeito que elas são. A pessoa medíocre vê as coisas em termos de seu poder, comodidade e conveniência pessoal. Para ela, o conforto é fundamental.

As pessoas medíocres têm em geral uma aparência muito dócil e rígida. Elas não acreditam em si mesmas e, quando o fazem, pensam *apenas* em si mesmas. Elas não se vêem como seres solícitos, magnânimos, intimamente ligados ao mundo maior. Elas não sabem como satisfazer as próprias necessidades, de modo que não lhes sobra nenhuma compaixão para pensar no que os outros podem precisar. Resolver suas necessidades, receios e inseguranças possibilita que você cresça e passe a ter energia a mais, capaz de beneficiar os outros. Quase todas as pessoas são medíocres e inseguras. Elas têm pouco tempo para seus semelhantes. Elas são mesquinhas e pequenas demais para realmente se importarem com qualquer coisa além da própria proteção e segurança. A vida de uma pessoa medíocre pode não ser maior do que as carências, necessidades e os receios delas. Quantas vezes você não ouviu em um bar, por acaso, amigos conversando sem parar sobre a própria vida, a propriedade, os relacionamentos, sentimentos, o peso e o emprego deles? É possível perceber que estão obcecados por si mesmos. Grande parte do trabalho de crescimento pessoal implica desenvolver uma generosidade interior que apóia os outros com bondade e compaixão. Quando somos bons, solidários e amorosos, crescemos cada vez mais. O número de pessoas medíocres no mundo é cem vezes maior do que o de pessoas excepcionais. As primeiras estão por toda parte, em todos os níveis da sociedade, em todos os tipos de organizações comerciais, governamentais e sem fins lucrativos. Na década de 30, elas formaram o exército do Terceiro Reich.

Paradoxalmente, a Segunda Guerra Mundial também suscitou a grandeza em um enorme número de pessoas em todo o mundo. Em 1940, Winston Churchill pediu aos civis britânicos que ingressassem na nova elite de combate, os comandos. Vindos das mais variadas ocupações e posições sociais — médicos, decoradores, professores, banqueiros, advogados —, sem nenhuma experiência militar, atenderam ao chamado dispostos a entregar-se de corpo e alma ao que fosse necessário. Bill Watson estudava medicina quando se apresentou como voluntário. "Eu estava aprendendo a salvar vidas como médico e de repente me vi envolvido em um treinamento para matar pessoas. Mas eu achava que tínhamos de fazer Hitler parar." No início deste ano, com 81 anos de idade, Bill foi agraciado com a Ordem do Império Britânico.

Mais recentemente, os acontecimentos do 11 de Setembro nos mostraram como as pessoas podem ser corajosas e heróicas quando convocadas. Os executivos da empresa de tecnologia que atacaram os terroristas no vôo 93 da United Airlines antes que o avião caísse personificaram um velho espírito americano — o de assumir pessoalmente a responsabilidade. Thomas Burnett, Jeremy Glick, Todd Beamer e talvez outras pessoas que ligaram para seus familiares para dizer que os amavam e se despedir. Eles então se lançaram sobre os seqüestradores e tomaram o avião que se dirigia para a Casa Branca ou Camp David. Ao se mostrarem dispostos a se sacrificar, Jeremy Glick e seus colegas salvaram a vida de milhares de pessoas. Eles não foram passivos, assumiram a responsabilidade.

Não se deixe intimidar. Entendo que foram momentos e situações excepcionais. A vida do dia-a-dia em geral não exige esse heroísmo extremo. Mas a escolha de destacar-se e fazer a diferença de seu próprio jeito está disponível para você todos os dias.

No entanto, até mesmo os desafios em menor escala da vida cotidiana nos convocam a contribuir; e o mundo está longe de ser perfeito. Qualquer um de nós pode fazer a diferença de muitas maneiras. Se você for excepcional, sempre estará consciente da vida além de seu ambiente imediato. Desse modo, quer você demonstre "grandeza" em público ou de uma forma mais particular, tudo é uma expressão de seu espírito, de quem realmente é. O simples fato de você optar por não ingressar nas fileiras das pessoas obcecadas por si mesmas é, em si, uma afirmação de grandeza. Sentir-se ligado aos outros e viver no pleno conhecimento do mundo que existe além do seu já faz com que você se destaque.

Mas o que torna as pessoas medíocres, tímidas e dóceis? Por que o recolhimento, a atitude defensiva e a passividade? Por que a disposição de acomodar-se em prol de uma vida tranqüila? A mediocridade pode ser transmitida, ensinada e estimulada por nossos pais e pelas primeiras figuras de autoridade em nossa vida. "Evite chamar atenção", "procure não atrapalhar", "não diga nada", "mantenha-se em seu lugar" e respeitar os superiores sem questionar é parte da resposta. Mas você também pode encolher-se por causa de decisões que toma a respeito de si mesmo e da vida depois de sofrer alguns baques e "derrotas". Algumas pessoas começam a sentir que as coisas são inúteis, que elas são indefesas ou não valem nada, que, por mais que tentem, nada conseguirão. Convicções como essas privam você de seu poder pessoal e destroem sua capacidade de agir. Existe na psicologia um nome para essa atitude: *desamparo adquirido*. Quando as pessoas sofrem alguns fracassos — e você ficaria surpreso ao saber como o número deles é pequeno no caso de algumas delas —, passam a achar que seus esforços são inúteis. Elas se retraem e encolhem seu mundo para que ele se encaixe nessa perspectiva.

Em 11 de setembro, no World Trade Center, as decisões que as pessoas tomaram nos sessenta minutos que transcorreram entre o primeiro impacto e o colapso das torres determinaram a sobrevivência ou a morte delas. Muitas pessoas relataram ter ouvido uma mensagem de "não entrem em pânico", pedindo que todos voltassem para suas salas, ao passo que outras foram tranqüilizadas pelos seguranças e convencidas a voltar. Algumas aceitaram o conselho. É quase certo que tenham morrido. Arturo Domingo, da Morgan Stanley, voltou para sua mesa, mas escapou mais tarde. Ele e alguns colegas começaram a descer as escadas, disse ele, mas quando chegaram ao quadragésimo quarto andar encontraram um homem com um megafone, dizendo às pessoas que tudo estava bem, que o prédio estava seguro e todos podiam voltar para seus andares. Pouco depois, o segundo avião colidiu com o prédio logo acima da cabeça dele. Ele escapou por sorte.

Em 1961, em um laboratório da Universidade de Yale, o professor Stanley Miligram realizou uma dramática e perturbadora experiência psicológica. Ele recrutou pessoas dos mais diferentes modos de vida, supostamente para investigar a "memória e o aprendizado", mas, sem que os voluntários soubessem, ele realizou o que passou a ser popularmente conhecido como Experiência de Obediência à Autoridade de Miligram. Cada voluntário foi colocado no papel de "professor", e a seguir lhe foi designado um "aluno" (que, na verdade, era um dos colaboradores de Miligram). O professor recebeu instruções para administrar uma série de choques elétricos cada vez mais fortes no aluno, sempre que este cometesse um erro. Embora separados por uma parede, os voluntários podiam ouvir o aluno no aposento contíguo. E à medida que os erros iam se acumulando, os protestos dos alunos aumentavam, transformando-se em gritos de agonia. Os voluntários que começaram a contestar o procedimento foram informados de que teriam de prosseguir; aqueles que começaram realmente a criar caso também foram informados de que sua única escolha seria continuar. Apesar dos gritos na sala ao lado, dois terços dos voluntários obedeceram completamente às ordens recebidas, continuando a aplicar o choque máximo de 450 volts, mesmo depois de os gritos do aluno serem substituídos por um silêncio sinistro. Os resultados deixaram todos boquiabertos, inclusive o professor Miligram. Parecia que as pessoas comuns, ou seja, engenheiros, profissionais da área da saúde, donas de casa, podiam ser convencidas por uma pessoa em uma posição de autoridade a aplicar choques letais em um total desconhecido. Cumprir ordens, demonstrar uma obediência irrestrita à autoridade, abdicar do poder e da autoridade pessoais — é sempre uma escolha.

A grandeza requer vigilância. Como você é um pensador independente, um espírito livre, a sustentação de seu poder e sua autoridade pessoais não pode ser líquida e certa. O poder pessoal é conseqüência de uma vida com graça e integridade, dia após dia; de saber quem você é e conhecer seu lugar no mundo. Significa ter padrões e limites; dizer "não" quando necessário. Você desiste de seu poder quando preocupa-se demais com a opinião dos outros, conferindo-lhes uma importância e uma posição acima das suas. O poder pessoal impede que você se sinta uma vítima.

Existem por toda parte sinais positivos de que as pessoas estão despertando e reafirmando seu poder e autoridade pessoais. Não precisamos mais confiar cegamente na instituição da medicina, tampouco na do governo. No Reino Unido, ambas vêm tentando convencer os pais de que a vacina tríplice, contra sarampo, cachumba e rubéola, é segura, não tendo nenhuma relação com o autismo. Não estamos convencidos. A vacinação em massa parece agora extremamente improvável. Temos uma suspeita saudável dos alimentos geneticamente modificados, e por mais que Tony Blair e o Departamento de Saúde possam tentar nos convencer de que são seguros, nós não estamos comprando esses produtos. O poder do consumidor está obrigando os supermercados a retirá-los das prateleiras e os restaurantes a removê-los do cardápio. Você não precisa vestir um macacão branco e entrar em campo para que seus sentimentos sejam levados em conta. As grandes empresas multinacionais são obrigadas a ser éticas, se quiserem que você seja consumidor de seus produtos. Boicotar os produtos e serviços delas por um dia pode ser sua maneira de dizer não ao registro ambiental dessas empresas. As decisões do dia-a-dia fazem sentido. São as ações de uma pessoa que pensa, de alguém que sabe que pode fazer a diferença. Essa atitude também denota que você está sendo excepcional, que está indo além de seu mundo pessoal imediato para abraçar outras coisas. Ao se expandir, você cresce. Nunca fica envolvido demais consigo mesmo, por isso nota o que está acontecendo à sua volta.

TENHA GRANDES IDÉIAS

1. *Não seja provinciano.*
Ser provinciano não é pertencer a um lugar e sim ter um tipo de atitude. As pessoas provincianas constroem sebes e cercas ao redor de si mesmas. Elas se orgulham de "ser reservadas". A privacidade e a segurança são as coisas mais importantes do mundo. Ser de outra maneira significaria ser "intrometido". Quando George Bush rejeita o Acordo de Kyoto sobre aquecimento global, porque não "põe os Estados Unidos em primeiro lugar", ele está sendo provinciano. Você é mais do que isso. Você é um cidadão do mundo.

2. *Seja um opositor consciencioso.*
A que você deseja se opor? Proteste e viceje. Você cresce cada vez que toma uma atitude. Seu poder pessoal se fortalece. Você pode fazer isso enquanto empurra o carrinho no supermercado. A marca de detergente que você escolhe faz diferença; pagar mais vinte por cento por meio litro de leite or-

gânico é sua maneira de dizer não à criação em confinamento e sim a um mundo melhor. Aja localmente e pense de um modo global. As pessoas medíocres só se preocupam com os vinte centavos que estariam pagando a mais. Você sabe que é parte de uma revolução.

3. Seja magnânimo.

Seja um bom ouvinte. Ponha-se totalmente de lado e procure entender o que a outra pessoa está querendo dizer. Deixe que ela "seja ouvida". Estabeleça uma conexão sincera. Entre em contato com a pessoa que estiver servindo seu café ou sentada no carro ao lado. Quebre o gelo, sorria. Você pode deixar uma pessoa mais animada em um instante. As pessoas que são capazes de conversar bem freqüentemente não dizem nada. Ponha-se de lado de vez em quando e nunca, jamais, fique batendo papo-furado. Você é grande demais para isso.

4. Tenha uma visão.

Viva a vida em um contexto, não no vácuo. Qual o resultado de tudo? Tenha grandes idéias a respeito de si mesmo. Torne sua vida mais significativa com uma idéia ou um sonho magnífico. Você é uma pessoa de substância. Quer você dirija uma empresa gigante internacional ou uma firma que oferece serviços de limpeza, faça as seguintes perguntas: "Como posso servir?", "O que posso oferecer?" "Como posso ajudar?". Pergunte-se continuamente, e sua vida será mais do que apenas trabalhar para viver.

5. Continue excepcional.

A vida nos põe à prova. Recuse-se a deixar que alguém ou alguma coisa diminua sua dignidade. Verifique de vez em quando se não houve nenhuma redução. Não permita que uma decepção ou um desapontamento o deixem amargo. Esqueça, não pense mais no assunto. Deixe que o sentimento passe por você sem se fixar e deformar seu caráter. Permaneça intocado e aberto. Resista à atração da mediocridade, ela é uma opção excessivamente fácil e corriqueira. Você é refinado demais para isso.

Ser medíocre é monótono e provinciano. Ser excepcional é resplandecente, dinâmico, carismático, fabuloso, positivo e global. Você está em boa companhia. Você faz parte do melhor clube do mundo.

Tenha grandes idéias!

Capítulo 22

Viva Mais e Melhor

Warren Buffett é uma lenda. Ele é o homem com o toque de Midas, que acaba de substituir Bill Gates na posição de o homem mais rico do planeta. Ele é imbatível no que diz respeito a jogar e ganhar na Bolsa de Valores, e tem 71 anos. Seu sócio de muitos anos, Charlie Munger, é tão esperto quanto ele e tem 78. Eles são fabulosamente francos e diretos, e estiveram nas manchetes dos jornais quando chamaram os empresários americanos e muitos da Wall Street de "vigaristas". Entretanto, o sr. Buffett diz que não se lembra de ter se divertido tanto na vida quanto agora. O locutor de rádio mais popular da Inglaterra é Jimmy Young, e ele está beirando os oitenta anos. Foi nomeado cavaleiro este ano, cinqüenta anos depois de ter ficado pela primeira vez em evidência. Ele entrevistou todos os primeiros-ministros, desde Harold Macmillan, em seu programa *JY Prog*, transmitido na hora do almoço. Uma de minhas escritoras prediletas é Mary Wesley, cujos romances estão entre os mais vendidos da Inglaterra e são adaptados para magníficos dramas na BBC, como *The Camomile Lawn*. Aos setenta anos, Mary Wesley escreveu seu primeiro *best-seller* e, aos oitenta, ainda está produzindo. Dora Bryan tem recebido críticas maravilhosas por seu desempenho no musical *The Full Monty*, que estava sendo exibido na Broadway e agora está em West End. Aos 78 anos, ela ainda está mostrando do que

202

é capaz, fazendo as piruetas pelas quais é famosa. Ela assinou um contrato de um ano, apesar da extenuante programação de oito espetáculos por semana. "Não é pesado; é maravilhoso — é uma festa estar aqui", diz ela. Mick Jagger, Paul McCartney, David Bowie, Raquel Welch, Robert Redford, Sophia Loren, Tina Turner, Jack Nicholson, Roger Moore e Paul Newman são "cidadãos idosos" e também eternamente joviais.

Alguma coisa está acontecendo. Não se trata apenas de estarmos vivendo mais do que qualquer outra geração. Estamos vivendo melhor, e também permanecemos mental e sexualmente ativos. Joan Collins ainda é o epítome do *glamour*. Seu novo marido, Percy Gibson, tem 36 anos. Ela tem 68 e aparência de 42. A característica marcante de Miss Collins e de qualquer pessoa eternamente jovial é que elas têm uma intensa vontade de viver. Os amigos dizem que Joan Collins é a pessoa de espírito mais jovem que eles conhecem; tem a mente de adolescente com a sabedoria de uma pessoa bem mais velha. Essas pessoas sabem como viver bem. Elas sabem divertir-se, aproveitar o melhor de si mesmas e extrair o que há de melhor na vida. Elas têm genuinamente um grande apetite pela vida e por viver. Elas gostam de estar vivas; são simplesmente jovens demais para morrer. Elas morrerão jovens, seja qual for a idade que tenham na ocasião.

Vale a pena observar as pessoas eternamente joviais! A energia, vivacidade e força vital delas é impressionante. Helen Gurley Brown fez oitenta anos no início de 2002, mas a força motriz por trás de *Cosmopolitan* ainda está no comando. Em uma entrevista que concedeu em seu aniversário, o jornalista comentou: "Ela se comporta como uma mulher muito mais nova, saltitando pela sala na ponta dos pés, balançando os braceletes de ouro. Depois de cinco minutos observando essa atitude, aliada a uma enorme acuidade mental, você se esquece de que ela tem oitenta anos". Gurley Brown é hoje editora-chefe das publicações internacionais. Desde que assumiu o cargo, dezoito novas edições da *Cosmopolitan* foram lançadas. Ela comparece a todos os lançamentos, da Croácia ao Camboja, e avalia mensalmente 32 das 43 edições internacionais, determinando a partir do *layout* se estão seguindo a formatação correta. Isso seria impressionante em qualquer idade. O fato de esse trabalho ser realizado por uma mulher de oitenta anos nos leva a nos questionar a maior parte do que aprendemos sobre idade e envelhecimento. Helen Gurley Brown e um número cada vez maior de pessoas estão nos obrigando a desafiar nossos pressupostos do que significa ter trinta, quarenta, cinqüenta, sessenta, setenta e oitenta anos. Ter cinqüenta anos hoje é o que era quarenta antigamente; quarenta, o que era ter 29. Apenas numa geração antes da nossa, a meia-idade era algo a partir dos 35. Hoje isso é a "meia-juventude", que continua até os cinqüenta anos ou mais. O que está acontecendo é uma verdadeira revolução.

Editores, executivos da mídia e homens de propaganda apressam-se em manter-se atualizados. No início de 2002, a revista *Red* realizou um seminário em Londres chamado "Como conversar com os que estão na meia-juventude". Um dos oradores definiu a meia-juventude como uma "espécie de atitude. São mulheres que cresceram sem envelhecer". Em outras palavras, é possível ser jovial em qualquer idade. Trata-se de uma escolha. É uma disposição mental. Você pode ter cinqüenta anos e aparência de 35. Veja a cantora Lulu. Com seu jeans Earl, camiseta Matthew Williamson e botas Marc Jacobs, ela não se veste como uma mulher tradicional de cinqüenta anos. Ela está na meia-juventude. É o que a imagem dela diz: atualizada, antenada, informada, consciente dos últimos movimentos. Ela está ligada, atenta ao que está dentro e fora da moda.

Cilla Black, a apresentadora de televisão mais bem paga da Grã-Bretanha, acaba de passar da meia-idade para meia-juventude. A matrona do entretenimento leve hoje pode ser vista vestindo calça de couro colante e sapato salto agulha nas boates mais badaladas do Soho. Chocado, um jornal para leitores de meia-idade publicou: "Na neblina de fumaça e penumbra do estabelecimento, ela poderia passar por uma mulher bem mais jovem [...] sua energia frenética (nesta noite, ela dançou durante quase uma hora) e seu corpo flexível sob o traje ousado não são atributos que normalmente se espera encontrar numa pessoa prestes a completar sessenta anos". Isso mesmo! Vá em frente, Cilla!

O velho ditado que diz que a juventude termina com o jovem perdeu o sentido, porque hoje a juventude pode ser desfrutada em qualquer idade. Stephen Richardson, um psicólogo social da Califórnia, publicou um relatório intitulado *O Ocidente Jovem: Como Estamos Envelhecendo mais Devagar*, cujo tema central é o fato de hoje em dia não se esperar que uma pessoa se sinta adulta antes dos 35 anos. Segundo Richardson, os 35 anos, antes o limiar da meia-idade, hoje é apenas o início do fim de uma adolescência prolongada. Ele afirma que, no Ocidente, quando as pessoas chegam aos 35, "em termos culturais e psicológicos, elas se tornaram o que as gerações anteriores reconheciam como adultos completamente formados".

O que é tão encantador a respeito de ser jovial e ser visto como jovial? Associam-se, aos jovens, uma abertura mental à cultura e à tecnologia contemporânea, uma disposição a correr riscos, a esforçar-se, a novas idéias e convicções. Considera-se, entretanto, que as pessoas velhas são apegadas aos hábitos, rígidas no modo de pensar, conformistas e conservadoras na aparência e muito provavelmente preconceituosas e reacionárias. No entanto, conheço pessoas de setenta anos que têm idéias mais originais e juvenis do que algumas de vinte. Em qualquer idade, é muito fácil ter a mente aberta e curiosa.

Cientistas e médicos famosos chegaram à conclusão de que os estragos do envelhecimento não são inevitáveis e podem ser evitados ou revertidos. Pesquisas pioneiras realizadas por instituições de prestígio estão descobrindo que o que chamamos de "envelhecimento normal" muitas vezes é causado por deficiências que podem ser prontamente corrigidas pela ingestão de vitaminas, minerais e ervas antioxidantes. *Best-sellers* como *Superyoung* (Superjovem), do dr. David Week, *Pare de Envelhecer Agora!*, de Jean Carper, e *Corpo sem Idade, Mente sem Fronteiras*, de Deepak Chopra, oferecem provas retumbantes de que quase todo envelhecimento é precoce, em virtude de um estilo de vida insatisfatório. Os nutricionistas e cientistas demonstraram que dormir tarde da noite, o fumo e a desidratação causada pelo excesso de álcool e café aumentam as rugas e acentuam as linhas do rosto. A maior ameaça a um rosto viçoso e saudável não é a passagem do tempo, mas o sol. Proteja-se e brilhe. Em *Torne-se Mais Jovem, Viva por Mais Tempo*, Deepak Chopra descreve uma estratégia que lhe permite reajustar seu biostato (idade biológica) em menos quinze anos de sua idade cronológica. Entre os indicadores biológicos do envelhecimento estão pressão, quantidade de gordura no corpo e a força muscular, níveis hormonais, função imunológica, densidade óssea, espessura da pele, colesterol, taxa de açúcar no sangue, capacidade aeróbica e a taxa do metabolismo. Sua idade biológica pode ser muito diferente de sua idade cronológica. Uma mulher de cinqüenta anos que cuidar bem de si mesma pode ter a constituição biológica de uma de 35. Da mesma forma, se uma mulher de cinqüenta anos tiver hábitos pouco saudáveis, poderá apresentar a constituição biológica de uma pessoa muitos anos mais velha. Quanto mais você substituir opções nocivas à vida por escolhas que a estimulam, melhor será seu bem-estar geral. Não é difícil perceber que com um pequeno esforço você poderia parecer mais jovem e sentir-se mais animada por muito mais tempo. Dê uma olhada nos livros mencionados sobre o assunto; prefiro especialmente a abordagem do dr. Chopra.

Na década de 80 a idéia da imortalidade física estava na moda. Naturalmente, fiquei curiosa e participei dos maravilhosos seminários de Sondra Ray. Comprei o livro *Viva para Sempre*. Embora eu não esteja totalmente convencida da noção da imortalidade física, algumas outras idéias exerceram em mim uma forte impressão. A mais vital foi a compreensão de que envelhecer é um condicionamento cultural. Nós nos deixamos convencer por ele, aceitamos sem perceber. Ele simplesmente está presente. Somos cercados por idéias culturais que nos condicionam a esperar ter certa aparência e nos sentirmos de certo jeito em determinada idade. Faça uma experiência. Feche os olhos e imagine-se daqui a dez, vinte, trinta, quarenta anos. A não ser que você já tenha eliminado seu condicionamento societário, você descobrirá que, em sua mente, provavelmente se verá deteriorando a cada década, exatamente da maneira como foi levado a acreditar. Você está seguindo um caminho, idêntico ao da pessoa comum. Se você não gosta da direção que ele está seguindo, mude-a. Se está realmente levando sério a preservação de sua juventude, terá de modificar seu modo de ver as coisas. O condicionamento de nossa sociedade nos leva a acreditar que deterioramos física e mentalmente à medida que envelhecemos. Romper esse condicionamento é fundamental, compreender que essa não é a verdade é o primeiro passo, o mais importante.

Uma brilhante demonstração do que estou dizendo foi apresentada em 1979 por Ellen Langer, psicóloga de Harvard, que conseguiu reverter a idade biológica de um grupo de homens na faixa dos setenta e oitenta anos. Foi pedido aos voluntários que se reunissem durante uma semana em um *resort* no campo. Não lhes foi permitido levar jornais, revistas, livros ou fotos de família com uma data posterior a 1959. O *resort* tinha sido decorado de modo a reproduzir o ambiente daquelas pessoas vinte anos antes. Em vez de revistas de 1979, as mesas de leitura tinham edições da *Life* e do *Saturday Evening Post*, de 1959. A única música que tocava era de vinte anos atrás; e pediram aos homens que se comportassem como em 1959. Cada detalhe da semana foi elaborado para fazer com que os homens se sentissem, parecessem, falassem e se comportassem como se estivessem na faixa dos cinqüenta anos.

A experiência realizada pela psicóloga de Harvard queria desafiar a imagem que esses homens tinham de si mesmos. A premissa da experiência era de que se ver como velho ou jovem influencia diretamente o processo de envelhecimento. Para que o ambiente recuasse até 1959, os voluntários usaram fotos de identidades tiradas vinte anos antes; e os membros do grupo aprenderam a identificar uns aos outros por essas fotografias e não pela aparência que tinham na ocasião.

Os resultados dessa encenação foram extraordinários. Em comparação com um grupo de controle que foi para o retiro, mas continuou a viver no mundo de 1979, o grupo cuja idade era simulada apresentou melhoras na memória e na destreza manual. Eles eram mais ativos e auto-suficientes, comportando-se mais como homens de 55 anos do que de 75. Talvez a mudança mais extraordinária esteja relacionada com aspectos do envelhecimento que eram considerados irreversíveis. Avaliadores imparciais que analisaram as fotos "antes e depois" dos voluntários afirmaram que o rosto deles parecia visivelmente, em média, três anos mais jovem. A postura começara a ficar mais altiva, as articulações enrijecidas tornaram-se mais flexíveis, a força muscular aumentou, a visão e a audição ficaram mais aguçadas. Mais de metade do grupo exibiu uma melhora na inteligência.

A pesquisa da professora Langer foi um marco na comprovação de que os sinais de envelhecimento podiam ser revertidos por meio da intervenção psicológica. Ela atribuiu o sucesso da experiência ao fato de terem pedido aos voluntários que se comportassem como se fossem mais jovens e de terem sido tratados como se tivessem a inteligência e a independência de pessoas mais novas. Eles também tiveram uma rotina diária rigorosa, com tarefas complexas a cumprir. O poder da consciência — da mente — de afetar a saúde física é bem conhecido. Na experiência, esse poder foi direcionado para promover a renovação e a vitalidade. O interessante é que as pessoas de meia-juventude fazem tudo isso instintivamente. Pessoas como Cilla, Lulu, Joan Collins, Helen Gurley Brown e Warren Buffett agem, pensam, comportam-se e vestem-se "de uma maneira jovem". Elas simplesmente não se identificam com a velhice ou mesmo com a meia-idade. Elas são pessoas atuais, que acontecem, atentas a novas tendências, idéias e estilos de vida. Não existe a mais remota idéia de velho nelas.

VIVA MAIS E MELHOR

1. *Aja de acordo com sua idade.*
Que idade? Você decide. Feche os olhos e escolha uma idade que signifique vitalidade e animação para você. A partir deste momento pense, sinta e adquira o hábito de ver-se nessa idade. A consciência, a intenção e a atenção começarão a levá-lo nessa direção. Use roupas jovens. Vista-se para hoje, não como estava na moda dez anos atrás, senão parecerá antiquado. Pareça ter a idade que você escolheu. O mundo está

mudando, mas não rápido o suficiente. Você está deixando de ser como a maioria das pessoas ainda considera uma pessoa de 35, 45, 55, 65 ou 75 anos. Quando perguntarem sua idade, diga: "Quantos anos você acha que eu tenho?", e aí terá um valioso *feedback*. Quando responderem, sorria e diga: "Você está perto". Se disserem a idade que você escolheu, terá conseguido o que queria.

2. Mantenha a mente aberta.

Lembre-se de que ainda há muito a ser descoberto a respeito do mundo em que você vive. Cultive a "mente de iniciante" mencionada na prática zen. Freqüente lugares ou faça coisas novas. Permaneça aberto a possibilidades e oportunidades. Tenha a atitude de quem espera coisas positivas. Mantenha-se receptivo a mudanças e possibilidades.

3. Fortaleça sua vontade de viver.

As pessoas eternamente joviais adoram a vida. Faça a mesma coisa. Não alimente a idéia de "aposentar-se". Planeje uma vida e um futuro irresistíveis para si mesmo, e não algo que conduza à decadência e à deterioração. Tenha sempre em vista coisas interessantes. Permaneça conectado e envolvido com a vida. A atividade com propósito e significativa é essencial e estimulante para todos nós, em qualquer idade. Planeje aventuras que aumentem sua força vital. Pratique *rafting* ou faça uma viagem pelas praias, em boa companhia e ouvindo uma música maravilhosa. Faça o que tiver vontade.

4. Seja magro.

Pesquisas feitas em ratos revelaram que uma redução de 30 por cento nas calorias aumenta até em um terço a duração da vida. Siga uma alimentação da melhor qualidade possível. Permaneça em forma e flexível praticando ioga. Mantenha baixa a gordura no corpo por meio de exercício vigoroso. Sabe-se que doenças crônicas, inclusive o câncer, são adiadas ou evitadas com a prática regular de exercícios físicos.

Jenny Allen Wood começou a correr em maratonas aos setenta e poucos anos. Depois de cerca de dezesseis maratonas, ela está fazendo uma pausa — aos noventa anos.

5. *Não há desculpa.*
Nunca use a "idade" como desculpa para nada. Nem mesmo brinque a respeito disso. Essa é uma desculpa popular que serve para tudo. Não se deixe convencer pela condição inevitável ou natural da deterioração e da decadência. Em vez disso, escolha a renovação e a regeneração. A acupuntura, as vitaminas, as ervas e a homeopatia podem manter você em excelente forma. Prevenir é melhor do que envelhecer prematuramente. Não descuide de si mesmo. Entenda que a mente e o corpo são uma bateria que se recarrega sozinha. E, na próxima vez que uma pessoa puser a culpa da perda de memória na "idade", compre para ela um vidro de gingko biloba, que é excelente para a memória em qualquer idade!

Pense em Miss Joan Collins — um espírito infantil, com aparência de adolescente e sabedoria de uma pessoa bem mais velha, sem mencionar o corpo magnífico. Trabalhe para isso. Seja uma dessas pessoas eternamente joviais. Brilhe. Esteja na meia-juventude. Nem mesmo pense em envelhecer.

Viva mais e melhor!

Capítulo 23

Seja Metafísico

Em 1952, o pastor metodista dr. Norman Vincent Peale publicou o livro *O Poder do Pensamento Positivo*, que se tornou *best-seller* internacional. Nessa obra, ele detalhou o poder que as atitudes e imagens mentais exercem em nossa vida. Este livro foi um dos muitos títulos sobre desenvolvimento pessoal que li em minha infância e adolescência na Irlanda do Norte. Meu pai era um vendedor de porta a porta extremamente bem-sucedido da Hoover Company. Sua educação formal foi breve, pois deixara a escola aos catorze anos, mas adorava a idéia do desenvolvimento pessoal e de trazer à tona o que havia de melhor em si mesmo. Seus professores eram autores como o dr. Peale, Napoleon Hill, W. Clement Stone, Florence Scovel Shinn e Dale Carnegie. Essa foi a atmosfera mental em que cresci e a qual absorvi. Muito mais tarde, aos vinte e poucos anos, depois que meu pai morreu, voltei a esses autores e descobri que quase todos eram ministros da Igreja da Ciência Espiritual. A reverenda Louise Hay é a ministra atual mais famosa, e seu nome provavelmente lhe é familiar. Ela é a autora de *Você Pode Curar Sua Vida*, que vendeu 12 milhões de exemplares.

Adoro a filosofia da Ciência Espiritual ou Ciência Religiosa, como também é conhecida. As idéias, que vão além do pensamento positivo, tratam da concepção filosófica de que somos responsáveis pelos resultados que obtemos na vida; que nossos pensamentos, sentimentos e atitudes influenciam o que atraímos na vida. A Ciência Espiritual vê ainda Deus como a Mente Universal, da qual cada um de nós é uma célula. Deus, a Consciência Universal, é um vasto oceano e somos gotículas individuais dentro dele. Muitas técnicas e idéias modernas de pensamento positivo, visualização e manifestação têm sua origem nas ciências ocultas do Oriente e do Ocidente. Os ensinamentos do budismo, do cristianismo e do islamismo são ensinamentos metafísicos formidáveis. A Bíblia nos diz que colhemos o que semeamos; o homem é aquilo que ele pensa; e a lei cármica de causa e efeito é um dogma fundamental do budismo.

Quando criança, eu estava familiarizada com a idéia de que moldamos nossa realidade por meio dos pensamentos e sentimentos. Abandonei essas noções na adolescência e voltei a elas com renovada curiosidade já perto dos trinta anos. Esforcei-me para entender o poder das afirmações e visualizações, manifestando ou atraindo para minha vida as pessoas e os resultados que eu desejava. Aprendi técnicas de meditação e diverti-me muito brincando com a regra de que o pensamento é criativo. Matriculei-me em cursos de desenvolvimento da intuição, expansão psíquica e cura espiritual. Quanto mais eu me aperfeiçoava, melhores — e mais rápidos — eram meus resultados. Encontrei casas maravilhosas a preços ridiculamente baixos, consegui uma lista interminável de clientes como massagista e descobri a auto-estima. E, claro, tornei-me excelente em materializar vagas para estacionar o carro, e ainda consigo fazer isso com perfeição! Eu era rigorosa a respeito de meu condicionamento mental e escolhia apenas os pensamentos de qualidade mais elevada para mim mesma e minha vida. Passei muito tempo sozinha e só me associava a pessoas de mentalidade metafísica. Dediquei-me intensamente ao budismo e aprendi a entoar mantras para realizar meus desejos. Atitudes extremas, reconheço, mas eu estava ansiosa para testar e viver essa filosofia da maneira mais clara e poderosa possível. Eu estava escolhendo um sistema de crença diferente do da maioria das pessoas naquela época.

Passados quinze anos, quase todo mundo já começou a perceber o poder do pensamento positivo. Houve uma incrível mudança na maneira como abordamos a espiritualidade, a doença e a saúde. O poder que a mente possui de afetar o corpo, deixando-o doente ou saudável, é hoje cientificamente aceito e se chama psiconeuroimunologia. Podemos até comprar essências florais para promover o pensamento positivo junto com o remédio tradicional para dor de cabeça na farmácia da esquina. O pensamento positivo e a "medicina da energia" sutil é um negócio de grandes proporções. Em 2001, no Reino Unido, foram gastos 1,6 bilhão de libras em complementos alimentares, produtos ligados à medicina alternativa e consultas a especialistas da área. Os médicos mais importantes como Bernie Siegel, Dean Ornish, Patch Adams e Andrew Weil exerceram um enorme impacto na maneira como interpretamos o extraordinário poder da mente no processo da cura. Diariamente descobrimos cada vez mais vínculos entre os eventos mentais e emocionais e as reações de cura. Pesquisas recentes começaram a demonstrar intensamente que a fé, seja em agentes de cura, milagres, santuários, medicamentos, seja em qualquer outra coisa, é um importante fator na recuperação de doenças graves. Afinal de contas, é ela que gera o conhecido efeito placebo, quando um paciente que toma pílulas de açúcar melhora por acreditar ter ingerido uma potente medicação. O inverso ocorre no efeito "nocebo" (oposto ao placebo), quando o paciente pode ficar ainda mais doente. Tal efeito pode surgir se as pessoas a seu redor temerem por sua saúde e sua vida e você captar essas vibrações. Perguntaram a um curandeiro aborígine o que ele sugeriria para melhorar o tratamento ocidental das doenças muito graves. Ele respondeu que o sistema médico deveria "parar de apontar para o osso". Apontar para o osso nas pessoas significa insinuar que a maldição da morte está sobre elas.

O dr. Andrew Weil já presenciou até mesmo o desaparecimento de doenças muito graves quando seus pacientes se apaixonam! Um trabalho do dr. Steven Greer no Hospital Royal Marsden, em Londres, mostrou que as pessoas que sofriam de câncer e que demonstravam um "espírito de luta" tinham uma chance 60 por cento maior de estar vivas treze anos depois do primeiro diagnóstico do que os pacientes que se sentiam "totalmente desesperançados". Segundo a dra. Rosy Daniel, ex-diretora médica da famosa Clínica de Câncer de Bristol: "Pensar da maneira correta é fundamental [...] Parece provável que os estados mentais negativos exerçam um efeito direto sobre o sistema imunológico e o funcionamento dos tecidos".

Assim sendo, o que sabemos a respeito do pensamento positivo é vital para a saúde e a recuperação da doença. O emprego de imagens e da visualização para melhorar o desempenho no esporte, nos negócios e nos estudos é bem conhecido. Mas o que mais esse procedimento pode alcançar? E o que quero dizer com "manifestação" e "metafísico"?

Em primeiro lugar, vamos chegar a um acordo com relação ao essencial. Até pouco tempo, nossa cultura aceitava uma visão do cosmo newtoniana, mecanicista e materialista. No entanto, Einstein abalou o mundo da física com a teoria da relatividade, afirmando que a energia, a matéria e a velocidade da luz estão relacionadas. Nas duas últimas décadas, publicaram-se inúmeros livros sobre os paralelos entre a física moderna e o misticismo, destacando especificamente que o universo é formado de energia e de campos, que dão origem à matéria.

Temos a tendência de pensar que uma mesa ou um livro são sólidos, ao passo que o som e o pensamento não são. No entanto, cada um deles é apenas energia ou uma forma de onda vibratória. É a velocidade ou a freqüência da vibração que determina se percebemos um objeto como sólido ou não. Podemos ativar a forma de onda pressionando um botão; podemos ligar um interruptor para gerar luz ou calor, ligar o rádio, a televisão ou o computador. Não temos de ver essas ondas para saber que elas existem e usá-las.

Einstein demonstrou que somos campos coerentes de energia. Possuímos não apenas um corpo físico como também um corpo etérico e eletromagnético. Esse campo de força é chamado de campo de energia humano ou aura. Algumas pessoas têm o dom de enxergar a aura e conseguem distinguir diferentes emoções por meio da cor, vendo a raiva como um vermelho turvo, o amor como um rosa ou verde suave. A fotografia Kirlian oferece um vislumbre de nosso campo de energia.

Os pensamentos, as convicções e os sentimentos carregam uma energia. Sabemos disso instintivamente quando dizemos que uma pessoa é "pesada" ou "leve", quando nos referimos a um ambiente magnífico ou a uma atmosfera tensa em uma sala. Estamos definindo a qualidade das vibrações da pessoa ou das pessoas. Os cães são especialistas em captar nossos pensamentos e sentimentos. Eles cheiram o medo e podem atacar ou recuar quando o detectam. Até mesmo as plantas respondem bem melhor às pessoas que as amam do que àquelas que não se importam com elas.

A energia segue o pensamento. Neste exato momento, você está manifestando, produzindo reações e resultados com seus pensamentos e sentimentos. Você sempre fez isso. A freqüência ou vibração particular que você emite atua como um ímã, atraindo para você outras iguais a ela. Aquilo que você é ressoa e volta para você. Você deixa transparecer exatamente quem você é. Você não precisa dizer uma única palavra para a pessoa com sensibilidade. Você é um livro aberto para ela. Ela perceberá seu medo, raiva, insegurança, mesquinhez, generosidade, mediocridade ou grandeza. Está tudo urdido na essência de seu ser. Você é seu cartão de visita. Os pensamentos não têm apenas asas; eles são bumerangues que lhe trazem de volta uma quantidade maior das características que você já tem. E quanto mais profundos e apaixonados forem seus pensamentos, mais poderosos e intensos serão a energia e o efeito deles. É como andar com uma bandeja de sanduíches e anunciar que há muito mais deles para servir. Outras pessoas e circunstâncias responderão a seu chamado, captarão sua vibração, entrarão em sintonia com sua freqüência e se alinharão com você. O pensamento é pura energia.

Tornar-se metafísico significa entender essa lei universal de que o pensamento é criativo. Muitos mestres espirituais sabiam desse fato. Muitos estão cientes dele hoje. O processo da manifestação é uma arte interior de pensamento positivo, afirmações e visualizações criativas. Freqüentemente se explica a manifestação como a criação de nossa realidade pelos pensamentos. Na Bíblia, Provérbios descreve sucintamente essa idéia: "Pois é assim o cálculo que ele faz em si mesmo".

Viver com a possibilidade de gerar o que você gostaria de atrair para sua vida é vital. Nutrir pensamentos de qualidade e imaginar o cenário desejado é indispensável. Além desses procedimentos, vim a compreender a necessidade de *nos tornarmos* a qualidade que estamos buscando, de personificar a essência dela. Para encontrar o amor, primeiro você tem de fornecê-lo. Gere-o dentro de você. Doe-o. Ofereça-o para todo mundo que você encontrar. Seja generoso com a qualidade que você desejaria intensificar em você. Torne-se a personificação do amor. Se o problema for dinheiro, não se concentre na falta dele, na deficiência. Veja-se como já tendo abundância, tanto de dinheiro como de todas as outras riquezas que já possui. Lembre-se de que você vai atrair para sua vida uma quantidade maior do que já é e está sendo. Para ter maior prosperidade, *sinta-se* intensamente próspero. Entre na freqüência da prosperidade. Sintonize-se com ela. Semelhante atrai semelhante. Independentemente do que projetar, medo e desconfiança, generosidade e confiança, bondade e compaixão, você atrairá uma maior quantidade desses sentimentos para sua vida. Concentrar-se na falta de dinheiro ou em qualquer outra deficiência atrairá para você uma quantidade maior dessa condição, ou seja, falta e deficiência.

Quando você quiser modificar um pensamento profundamente enraizado, aja de acordo com a nova idéia que você gostaria de ter. Dar dinheiro em *notas* para uma mendiga idosa proporciona um enorme sentimento de abundância, por saber que você *pode se dar ao luxo* de ser generoso. Você está modificando sua percepção, sua vibração, seu *campo de energia* a respeito do dinheiro, com relação a você e ao dinheiro. Você está projetando prosperidade porque está começando a experimentar a prosperidade, a se sentir e se ver como uma pessoa próspera. Agora é mais fácil que coisas semelhantes o encontrem, venham em sua direção. Você está na vibração da prosperidade. A consciência da pobreza possui um comprimento de onda próprio. Você está alterando sua freqüência. Mantenha-a assim.

Observe as pessoas que estão preocupadas com a segurança. O que elas sentem na verdade é *falta* de segurança. Quanto mais fechaduras, cadeados, correntes, alarmes e seguros elas têm, mais medo e desconfiança despertam dentro de si mesmas. Elas atraem para a vida delas exatamente o que mais temem. Não estou dizendo que você deva ser irresponsável. Minha opinião é de que você evite viver a vida esperando, procurando, antevendo e preparando-se para ser atacado, roubado, assaltado ou algo assim. Verifique com quais níveis de medo você se cerca. A coisa que você mais teme o atormentará. O medo a atrairá para você como um ímã. O medo atrai uma energia semelhante; você experimentará o que tanto receia.

Alguns anos atrás eu morava sozinha em um dos bairros mais perigosos de Londres. Eu me sentia completamente segura. Eu insistia nisso, dentro de mim, caso contrário não teria vivido lá. Nunca nutri pensamentos de ansiedade ou de medo, apenas o oposto. Já não posso dizer o mesmo de certas pessoas de fora da cidade que vieram me visitar. Elas acharam a área bastante ameaçadora. No dia seguinte ao da chegada, elas tinham sido assediadas ou assaltadas, com seus receios tornando-se realidade como por mágica. Isso é metafísica e manifestação em ação.

TORNE-SE METAFÍSICO

1. *Acredite em Deus.*

As pessoas que freqüentam a igreja vivem mais; não importa se é uma sinagoga, mesquita, igreja ou templo budista. As pesquisas demonstram que, quando temos uma religião, vivemos mais. Espiritualize-se. Torne Deus uma realidade. Veja-se como parte de uma força divina universal e benevolente ansiosa por ajudá-lo. Esforce-me para melhorar seus relacionamentos. Não seja solitário. Você é mente, corpo e *espírito*. Sua vida é sagrada. Converse com Deus e peça ajuda. Reze. Acredite.

2. Respeite seus temores.

Respeite o nível de pensamentos de medo que você tem agora. Deixar a chave do carro na ignição é apenas para o aluno adiantado! Não torne a vida difícil. Esforce-se pouco a pouco para reduzir o nível de ansiedade que você carrega consigo. Não fique agitado se não conseguir materializar tudo que deseja da noite para o dia. Se você fizer *upgrades* contínuos, escolher pensamentos de nível elevado e redefinir a qualidade de sua energia, logo notará a diferença.

3. Mude a freqüência.

Cada pensamento e cada emoção emitem uma freqüência particular. Para ter uma quantidade maior de qualquer coisa, entre em sintonia com esse comprimento de onda. Você precisa estar no mesmo radar em que está a coisa que você deseja atrair para seu campo de energia. Procure a sintonia. Altere sua freqüência fazendo um *upgrade* em seus pensamentos, sentimentos e ações. Personifique a essência, a natureza do que você gostaria de ter em maior quantidade. Amor, generosidade, abundância, amizade, seja lá o que for: gere o sentimento, envolva-se nele, deixe que ele emane de você. E depois veja o que acontece!

4. Tenha paz de espírito.

Preste atenção a seu mundo interior. Afaste-se do mundo exterior para que o interior possa trazer para você as idéias que está procurando. Procure dentro de você, e não do lado de fora, as respostas, a orientação e a sabedoria que você deseja. Quer você encare esse procedimento como um contato com o poder superior, com seu superior, com Deus, quer com o inconsciente coletivo de Jung, vá para dentro si. Um grande escritor disse: "Se você não olhar para dentro, não obterá nada fora. Quinze minutos por dia de absoluto silêncio é o presente que você dá a si mesmo. Sem passado, futuro nem preocupações".

5. *Leve em consideração os acontecimentos fortuitos.*
Fique atento às coincidências significativas e aos milagres do dia-a-dia. Preste atenção quando ativar seus pensamentos e sua energia. Ouça, quando pedir orientação; as respostas podem estar na letra da música prestes a ouvir, na informação do artigo prestes a seguir, no filme prestes a assistir, no comentário casual da pessoa prestes a encontrar. Leve em conta a alquimia.

Leve um pouco de magia para sua vida. Você não é menos do que um milagre maravilhoso. E se existe alguma coisa em sua vida de que você não gosta, mude de *idéia* sobre ela, demonstre, através de si mesmo, seu novo modo de pensar e você ingressará nessa nova realidade. Seus pensamentos, palavras e ações são as ferramentas de que você dispõe para manifestar a realidade que deseja. Experimente. Vamos lá...

Torne-se metafísico!

Epílogo

Experimente

Dito isso, quero que você extraia uma coisa deste livro. Quero que você tenha mais confiança em seu maravilhoso eu. Acima de qualquer coisa, quero que você adquira o hábito de experimentar. Estamos falando de menos medo, mais ousadia; menos afetação, muito mais poder pessoal.

Experimente, apesar do que as pessoas vão dizer. Corra o risco e viva com as conseqüências. Torne-se um grande empreendedor — uma pessoa de ação. Vá até o fim. O fracasso não tem poder sobre você, e você saberá enfrentá-lo. Você conseguirá reerguer-se sempre, lidando elegantemente com os reveses. Nada de drama nem histeria; você apenas penetrará mais profundamente em seus recursos ilimitados. Você é incrivelmente criativo e engenhoso. Uma crise operará mudanças em você; depois dela, você fica mais altivo e perspicaz.

Você é mais forte do que a pessoa comum. Quando as coisas ficam difíceis, você não entra em pânico — dá um tempo. Você se afasta da desordem e se prepara; calcula a melhor estratégia, mesmo que para isso leve um ou dois dias. Você pensa: como devo agir? Passado esse tempo, suas idéias estão claras e equilibradas. Se você perdeu o emprego, talvez a perda não seja tão grande assim. Talvez você estivesse entediado; é possível que bem no fundo você quisesse demitir-se, e esse foi o empurrão de que precisava. Sejam quais forem as circunstâncias, você estará preparado e se recuperará imediatamente. As idéias e os planos começarão a passar por sua cabeça. Você fará contatos e tomará providências. Você entrará em ação. O medo e a insegurança que perseguem e imobilizam muitas pessoas significam quase nada para você. Ficar apavorado não faz seu gênero, porque você sabe que com isso alimentaria ainda mais o medo. Nada disso. Você se mostra à altura do desafio, e ele desmorona sob seu olhar. O maior medo é o próprio medo; entender isso evita que você tenha uma vida monótona.

Você tem uma estrutura mental que trabalha para você, gerando confiança, força, otimismo e paz de espírito. Dia após dia você fortalece seu músculo psicológico e torna sua pele mais resistente. É bastante inteligente para saber o quanto você e sua vida são importantes. Tudo que você faz presta um valioso serviço para o mundo. Relacione tudo que fizer com o plano maior da existência. Seja qual for seu tipo de trabalho ou meio de ganhar a vida, engrandeça-o dentro de um contexto inspirador. Sua vida é importante demais para restringi-la à esfera de ganhar e juntar dinheiro. Você está bem acima disso. Vincule seu sucesso pessoal à contribuição mais poderosa que ele lhe permitir. Se você varre a rua, está tornando o planeta um lugar mais bonito para aqueles que passam por seu caminho. Se você é motorista de táxi, está fazendo uma contribuição valiosa para a vida de seus passageiros, reduzindo os níveis de estresse deles, levando-os aonde querem ir. Eles passarão esse sentimento adiante. Se você administra o Banco Mundial, bem, neste caso você tem inúmeras oportunidades.

Então, vamos lá. Como dizem por aí, a vida é para ser vivida. O formidável disso tudo é que você nunca terá uma vida limitada nem repetitiva, pois esse tipo de vida é reservado aos que nunca fazem nada. Pois então...

Experimente!

Visite o nosso site:
www.editorabestseller.com.br